CIS
品牌策划
与设计

CIS
Brand Planning
and Design

郭玉良 著

中国电力出版社
CHINA ELECTRIC POWER PRESS

内容提要

"品牌引领创意，设计创造价值"，CIS在当今竞争激烈的品牌营销时代已经成为企业经营的必然选择。CIS的战略实质上就是品牌的战略，本书从企业（包括产品或服务）品牌策划的MI理念定位、品牌文化的BI行为规范、品牌传播的VI视觉导入等角度渗入CIS企业品牌化经营管理的方方面面，从CIS品牌认知、CIS品牌策划、VIS品牌设计和CIS品牌传播四个部分着手，层层深入地阐述了如何为企业策划和设计一个成功的品牌形象。书中既有关于品牌创建基本概念、原理、程序和方法等的理论阐述和介绍，也特别注意结合具体品牌案例的策划与设计操作实践提升其对于相关学科专业实务性和实战性的指导作用。

本书适合企业的各行各业、各类组织的创业家、企业家、高层经营管理人员、品牌专业设计师、行业专家、研究学者、制度决策者们等参考和借鉴，以及高等院校工业设计、视觉传达设计、会展设计、市场营销、企业管理、广告学等相关专业及课程的师生使用。

图书在版编目（CIP）数据

CIS品牌策划与设计 / 郭玉良著. —北京: 中国电力出版社，2015.3（2023.1重印）

ISBN 978-7-5123-6970-2

Ⅰ. ①C… Ⅱ. ①郭… Ⅲ. ①企业形象－设计 Ⅳ. ① F270 ② J524

中国版本图书馆CIP数据核字（2014）第308687号

中国电力出版社出版发行

北京市东城区北京站西街19号　　　100005　　　http://www.cepp.sgcc.com.cn

责任编辑：王　倩　（010-63412607）

责任印制：杨晓东　　责任校对：郝军燕

三河市航远印刷有限公司印刷·各地新华书店经售

2015年3月第1版·2023年1月第10次印刷

787mm×1092mm 1/16·8.5印张·283千字

定价：48.00元

纵观当今世界的格局和发展，不难发现，美国之所以仍然能够称霸于世界，日本之所以自以为能够称雄于亚洲，先撇开地缘政治、历史影响、自然资源以及社会制度等方面的原因不谈，其中不可忽视的一条，就是都与这两个国家分别于20世纪50年代和70年代就开始注重品牌的创建、产业的发展和经济的振兴有着相当大的关系。而那些欧洲强国也是由于其较早的工业发展基础和悠久的历史文化魅力支撑着其品牌的优势和企业的扩张，进而支撑起整个国家的经济和文化发展。在当下看似和平的市场经济时代，它们也早已借助经济全球化的大势，打着合作与发展的旗号，在这场没有硝烟的全球经济战争中取得优势并掌握先机。品牌就是它们手中掌握的秘密武器！它们通过成千上万的优势品牌有力地占据了我们的市场，牢牢地占据着消费者的心智，可以说，我们很多人几乎每天都在为它们源源不断地贡献着自己的金钱和财富，甚至有不少人通过这些品牌，忠诚而痴迷地寄托着自己美好的生活梦想，实现着自己理想的人生价值。试想一下，仅就日化用品而言，如果哪天我们不再选择美国的品牌，比如宝洁，那么我们将会发现货架上几乎很难找到太多可供选择的商品；仅就汽车行业来说，如果我们临时限制日系品牌的汽车行驶，比如丰田、日产、本田、马自达、三菱、铃木以及丰田下属的雷克萨斯、日产下属的英菲尼迪、本田下属的讴歌、富士重工的斯巴鲁等品牌，那么马路上的车流量将可能会降低四分之一；还有，如果没有那些中国游客在海外仿佛当作萝卜白菜似地争抢购买着各种顶级奢侈品牌的服装、珠宝、皮具、手表、化妆品等，也许欧洲的债务危机还需要更长的时间才能摆脱。

品牌是企业经营的制胜法宝，是市场营销的强大武器。一个深受消费者喜爱和信赖的成功品牌可以为企业带来远远超过其具体物质产品制造成本的溢价价值，甚至可以借此品牌迅速扩张全球，占得市场先机。现代品牌也更加适应人们日趋注重内心精神需求的满足，更加关注日常生活中的审美美学的心理要求，体贴入微，深入人心，以其独特而鲜明的美学价值和艺术魅力长期占据和不断打动着消费者内心最容易被激发和调动的那种对于理想生活充满向往并渴望拥有的体验情感，并最终通过消费

序1 宝洁及其下属部分品牌

序2　日系汽车部分品牌

这一关键环节实现了对于企业最为关注和重要的价值转换和利润兑现，使得品牌这个原本只是属于经济管理范畴的一个商业概念上升为一种精神文化层面的象征符号，成为各种市场要素中最能集中和凝聚不同资源优势的价值表征，也因此成为现代企业经营和市场营销活动中最不可忽略的重要因素。

中国自改革开放以来一直注重对于海外订单产品的加工制造和出口返销，充分发挥了我们的人口红利以及自然资源的优势，在制造技术的水平提高以及市场竞争的经验积累上都取得了不错的成绩，成为当今世界不可轻视的制造大国和经济实体。但是，由于当下全球性金融危机的遗患和影响，欧美等主要区域市场的低迷和衰退，一体化链条中产业结构的变革和调整，国际国内市场消费购买力的下降和分化，都已经客观地、严重地影响了并继续影响着我们经济的增长和社会的发展，加上国内企业因为市场研发和品牌营销滞后，企业控制市场的能力较弱，实际的获利空间非常狭小，环境和人力资源成本的上升、原材料价格的上涨导致对于国际新兴市场如越南、印度、南美、南非等国家和地区的人力、原料等比较优势的丧失，以及欧美、巴西等国家和地区越来越多的针对中国的"反倾销"调查、"特保"措施等，长期形成的外向型经济发展模式遭遇了挑战，陷入了困境。国家提出的保增长、扩内需、调结构的方针政策实际上就是希望借此倒逼

压力促进经济结构的转型升级，重构经济增长的动力机制，以此来应对和化解危机，求得经济社会长久的稳定和谐以及可持续性的发展。

　　从宏观的经济社会发展层面来看，文化创意产业的发展由于其自身特点已经成为学术研究和政策引导共同的认知和选择，也已经成为事关当前经济结构转型升级成功与否的关键。而我们认为，其中不可忽视的重要一点就是如何通过文化创意产业服务于我们自己的加工制造产业和整个实体经济的转型升级，帮助他们在继续充分发挥作为"世界工厂"的加工制造技术实力具有相对优势的基础上，提升其市场研发、设计的能力和水平，提升其市场营销、服务的实力和层次，由"制造"转变为"智造"，总体改变原料、销售"两头在外"的经济模式，并最终将各种市场要素都凝结为品牌的力量、升华为美学的价值，借助品牌的视觉符号形式有效传达到目标市场，借助文化的精神魅力拉动经济价值转换最为关键的一环——消费。只有这样，才能真正创建起我们的自有品牌，增强民族品牌的溢价能力，无论对于"走出去"的国际市场拓展和竞争，还是对于"扩内需"的国内市场保有和培育，都有着重要的意义。否则，我们既无法根本改变只能依靠贴牌生产赚取一点微薄加工费还要面临环境污染、资源耗竭的现状，也无力控制内需外流以及百姓花费大量金钱购买实际就是在中国制造的所谓的"国际品牌"却白

序4　法国H5工作室《商标的世界》动画短片截图

白送给国外企业品牌天价授权使用费和超额利润回报的现实，无法提升现代企业的经营管理水平，无法实现地方经济的转型发展，也不可能快速提高国家综合竞争实力尤其是文化软实力，进而提升国民的民族自尊和文化自信，最终真正实现中华民族的伟大复兴。

因此，仅就本书研究和探讨的范围与内容而言，我们也必须从品牌创建的视角和品牌战略的高度重新解构和认知原本作为一种方法和手段的CIS战略的本质，不再简单地只是将其当做一种企业形象的美化和装饰，而需要在其中融入真正是对于最终构成市场核心的消费者内心需求的贴心关怀，提出在研发和设计能够满足其物用功能需求的产品或服务的基础上，更好地通过品牌MI理念、BI行为和VI视觉系统的策划和设计，融入艺术的魅力和人文的精神，通过品牌外化形象和内涵文化精准有效地推广、维护和延伸，累积美学的价值和营销的力量，从而也是融合管理和营销、传播和广告等学科价值，在实务性和方法论的"品牌设计学"学理建构和学科建设的层面，真正实现作为品牌学术研究和设计实践的经济意义和社会价值。

073
VIS
品牌设计

第三章　VIS品牌设计

103
CIS
品牌传播

第四章　CIS品牌传播

CIS

第一章 | CIS品牌认知

第一节 | CIS 再认识

一、CI的概念

自从20世纪80年代CIS的相关理论经由部分专家学者和前辈同行引入到内地，对其概念的认知也是在不断发展和深化的。所谓CIS就是英文Corporate Identity System的缩写，简称CI。其中的Corporate大多作为形容词使用，意思是"法人的、公司的、社团的、团体的、共同的、全体的"；Identity是名词，意思是"一致、身份、特征、个性、同一性"；System有"体系、系统、制度、身体、方法"的意思。因此，CIS的意思就可以解释为"企业的统一化系统""企业的自我同一化系统""企业识别系统"等，但一般大多解释为"企业形象识别系统"，以体现其中企业一致的个性"形象"作为一种企业资源以及身份识别价值的内涵。

"日本CI之父"中西元男（Motoo Nakanishi）认为，CI设计是"将企业的理念、素质、经营方针、开发、生产、商品、流通等企业经营的所有因素，从信息这一观点出发，从文化、形象、传播的角度来进行筛选，找出企业所具有的潜在力，找出其存在价值及美的价值，加以整合，使其在信息化的社会环境中转换为有效的标识。这种开发以及设计的行为就叫CI"。实际上，作为创建企业形象的CI就是将企业的经营理念与精神文化统一设计，运用整体的信息传达系统（尤其是视觉传达系统）传达给企业内部与社会公众，使其对企业的核心价值和外在形态产生一致的认同感，以形成良好的企业印象，最终促进企业产品和服务销售的一种企业文化活动。

图1-1 "日本CI之父"中西元男（Motoo Nakanishi）

二、CI的形成和发展

在西方设计历史的研究论著中，大多以发起德意志制造同盟（又称"德国工业同盟"）的德国著名建筑设计师、工业设计师、"德国现代设计之父"彼得·贝伦斯（Peter Behrens）在1907年为德国通用电气公司（AEG）下属的一个无线电器公司所进行的视觉识别设计规划当做是统一视觉形象设计的CI的起源。彼得·贝伦斯接受了当时世界上最大的制造厂商之一—AEG总裁艾米·拉斯的邀请为其设计标志，同时担任建筑师、艺术顾问和设计协调人，通过研究公司的历史、背景和产品，经过多次反复之后，终于设计出主要强调工业化理念特征的非常简单、明确的AEG标志。AEG在其系列电器产品上首次采用彼得·贝伦斯设计的标志作为商标，并将标志同时运用于公司职员的名片、公司办公用品和文件以及工厂的机械、

图1-2 "德国现代设计之父"彼得·贝伦斯（Peter Behrens）

图1-3　德国AEG电器公司标志

图1-4　英国伦敦大都会地铁CI设计

图1-5　伦敦地铁CI视觉设计现在仍然是各国学习的样板

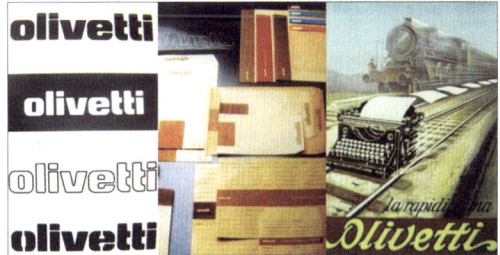

图1-6　意大利奥利维蒂（Olivetti）公司CI设计

公司的建筑等整体设计上。AEG因为在包括广告、海报、产品目录等该公司大量的平面设计项目中，也设计了统一的形式语言，始终强调个性鲜明的企业视觉识别设计的统一性，从而形成了从产品设计到形象推广的高度统一，是企业形象设计最早和比较完善的典型作品，开创了现代企业风格和视觉形象识别设计的先河，所以被称为现代CI设计和开发的雏形。

　　1932年至1940年之间，由英国工业设计协会创设人、时任会长佛兰克·毕克（Frank Pick）负责，对1863年即已建成通车的世界上第一条地下铁路——英国伦敦大都会地下铁路工程进行整体的CI设计规划。他将"好的设计即是好的事业"以及"为目的而量身定做"的设计理念贯彻执行到其就职伦敦运输公司副总裁和执行长的英国伦敦交通运输的核心系统，结合了爱德华·强斯顿（Edward Johnston）的字体设计、亨利·贝克（Henry Beck）的地铁路线图、爱德华·麦克奈·高法（Edward McKnight Kauffer）与曼·雷（Man Ray）的海报设计以及亨利·摩尔（Henry Moore）的雕塑等不同领域的艺术和设计专家，通过完整规范的管理理念和强大有力的视觉传播效应，使其成为CIS萌发时期即具有里程碑意义的全球CI导入的先驱，该工程也被称为"设计政策"的经典之作。而几乎与此同时，生产了世界上第一台打字机的意大利国际打字机与事务机器制造厂奥利维蒂（Olivetti）公司在其创始人之子阿德里诺·奥利维蒂（Adriano Olivetti）的领导下，于1933年聘请毕业于德国包豪斯（Bauhaus）设计学校的桑迪·沙文斯基（Xanti Schawinsky）担任平面设计师，1936年聘请乔梵尼·平托利（Giovanni Pintori）和马塞尼·尼佐里（Marcello Nizzoli）监督管理和全权负责公司全部的产品设计，参与公司的广告设计和建筑包括米兰总部大楼的设计，使公司体现出一种完整、统一的视觉形象，建立了所谓"风格化"的样式，其设计理念和实务经验也影响了很多以后的欧美知名企业，也是早期CI成功导入的先驱。

从CI理论的提出和推广来看，当属美国最早。1930年左右，美国设计家雷蒙特·罗维（Raymond Loewy）和保罗·兰德（Paul Rand）等人就提出了"CIS"（即Corporate Identity System）这一用语。1950年，美国专业设计刊物《图案》杂志也首次使用了"Corporate Identity"这一术语。美国在20世纪初前后几十年的资本积累和工业发展基础上，经过罗斯福新政，特别是经历第二次世界大战之后，其他欧洲主要工业国家经济遭受严重摧残，美国军工企业却借机大发战争财，从而成为世界上最为强大的经济大国。新兴的工商企业快速发展，国际化和多元化的贸易竞争日趋激烈，美国企业开始重视工业设计和产品的视觉设计，意识到建立统一、完整的视觉识别系统并借此塑造和传达独特的经营理念和精神文化的重要性，期待凸显产品的品牌特征，取得市场竞争的优势地位，树立企业形象已经成为企业竞争的重要手段。而受纳粹干预和二战影响被迫离开欧洲的以包豪斯著名师生约瑟夫·阿尔巴斯（Josef Albers）、桑迪·沙文斯基等为代表的一大批工业设计、商业设计、视觉传达设计等设计大师移民美国，创建和任教于黑山学院、哈佛大学、耶鲁大学等，也直接促成了现代工业设计学的兴起，使得美国设计跃升而进入世界先进行列，能够很好地顺应和服务于当时CIS发展潮流的迫切社会需要。

美国早期CI导入具有代表性的典型案例主要有1951年威廉·戈登（William Golden）为美国哥伦比亚广播电视公司（Columbia Broadcasting System，缩写为CBS）设计的眼睛标志、1956年艾略特·诺伊斯（Eliot Noyes）和保罗·兰德将美国国际商用计算机公司的全称"International Business Machines"设计为蓝色八条纹的富有品质感和时代感的文字造型"IBM"，以及后来的美国联合包裹运送服务公司（UPS）、美国广播电视公司（ABC）、西屋电气公司（Westinghouse）、美孚石油公司（Mobil）、美国无线电公司（RCA）、明尼苏达开采与制造公司（3M）、麦当劳公司（McDonald's）、克莱斯勒汽车公司（Chrysler），特别是20世纪70年代以强烈震撼的红色、独特的瓶形、律动的条纹

图1-7 德国包豪斯（Bauhaus）设计学校

图1-8 美国哥伦比亚广播电视公司（CBS）的眼睛标志

图1-10 美国联合包裹运送服务公司（UPS）标志

图1-9 美国国际商用计算机公司、"蓝色巨人"IBM标志

图1-11 美国广播电视公司（ABC）标志

图1-12 美国西屋电气公司（Westinghouse）标志

图1-13 美国美孚石油公司（Mobil）标志

图1-14 美国无线电公司（RCA）标志

图1-15 美国克莱斯勒汽车公司（Chrysler）标志

图1-16 美国明尼苏达开采与制造公司（3M）标志

图1-17 美国麦当劳公司（McDonald's）标志

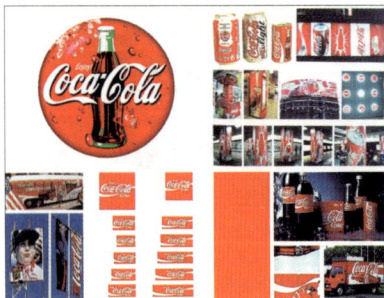

图1-18 美国可口可乐公司（Coca-Cola）标志及其应用

图1-19 马自达汽车（MAZDA）是日本第一个大型CI导入案例

图1-20 日本大荣百货（DALEI）标志

图1-21 日本松屋百货（MATSUYA）标志

图1-22 日本麒麟啤酒（KIRIN）标志

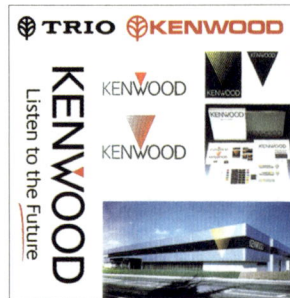

图1-23 日本建伍音响（KENWOOD）标志

所构成的可口可乐公司（Coca-Cola）标志等。总体来看，美国企业基于经济强大、文化多元、强调个人主义和实用主义的价值观念这样一种特有国情和企业文化的影响，也是处在车辆文化的社会背景上，在CI的导入中更加注重以商标标志和标准字体、标准色彩作为沟通企业理念与企业文化的工具，注重对于共通性符号独具匠心、直观简洁的视觉性设计，系统规范，便于操作，以求发挥出最佳的传达效应，形成了所谓的美国型CI风格。

20世纪70年代以后，日本学界和企业在CI理论的研究、设计的实践方面取得了较大的成绩，也为世界范围内包括中国企业在内的CI导入和发展提供了重要的参考价值。起初，日本企业也是沿袭了美国CI的方法，重视企业标志或产品商标的图形化设计，把重点放在视觉识别系统的设计和传播上进行CI的策划。后来，以中西元男、平泽志、胜冈重夫等人为代表的CI设计大师们逐步融合了深受东方主要是中国汉文化影响、具有日本传统文化特色的现代企业管理制度和企业精神理念，把CIS的设计开发视为"问题解决学"，不仅注重视觉化符号的表现，还注重整体性、系统性的设计规划，通过CI的导入来认识、改造和超越自我，明确企业的存在价值和社会意义，提升企业的改革意识和经营素质，以应对信息时代的来临和多元化经营的需要，形成了重理念、重行为、重企业文化的所谓的日本型CI风格。

1968年中西元男创建PAOS设计公司（Progressive Artists Open System

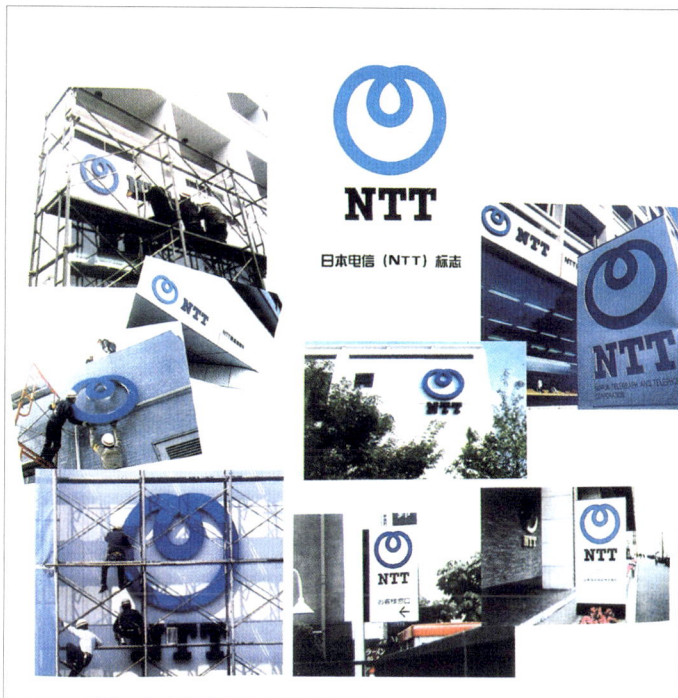

图1-24 日本电信（NTT）标志

的缩写），其后相继完成的马自达汽车（MAZDA）、大荣百货（DALEI）、松屋百货（MATSUYA）、麒麟啤酒（KIRIN）、建伍音响（KENWOOD）、日本电信（NTT）、伊耐制陶（INAX）等都可算是日本型CI策划和设计的代表案例。1972年平泽志为伊藤荣连锁百货（Ito Yokado）进行企业CI策划，提出"以和为贵"的经营理念，并以和平鸽的形象代替原有的企业标志，得到消费者的广泛认同。该公司的销售额也从导入企业识别系统之初的480亿日元猛增到7000亿日元，跃居日本百货行业首位，显现了CI导入带来的巨大力量。1977年胜冈重夫开设个人设计工作室，其主要作品包括日本番茄银行（TOMATO）、中泽乳业（Nakazawa）、松下电器（Panasonic）、雅马哈电子（YAMAHA）、福岛县政厅等80多家公司和机构的CI设计，成为视觉识别设计领域亚洲地区的标志性人物，也极大地推进了日本CI走向成熟阶段。

由于历史发展中的各种因素影响，中国企业CI的导入最早实际开始于中国台湾，以台塑关系企业集团、味全股份、大同公司等为先驱和翘楚。而中国内地CI的引入和发展则开始于改革开放之后从计划经济向市场经济转变的20世纪80年代初期，当时东南沿海开放城市的对外经济迅速发展，人们在观念上开始接受外来文化，也得以接触到来自欧美日韩及港台等国家和地区成功导入CI企业的一些信息、概念和经验。随着市场经济的逐步发展和参与国际化竞争意识的不断提高，在一些院校学者的倡导下，企业开始重视标识设计，进而踏上了全中国意义上CI的导入之路。1986年，由香港著名设计师、香港美术家协会副主席靳埭强先生为中国银行设计开发的识别标志在众多方案中脱颖而出，他将中国古钱币与汉文的"中"字结合起来，赋予其简洁的现代造型，表现了中国资本、银行服务和现代国际化的主题，也因此成为中国内地企业导入CI的最早案例。

而早期在中国大陆成功导入CI、具有里程碑意义的企业是广东太阳神集团。该公司最初只是一家叫做广东省东莞市黄江保健品厂的规模很小的乡镇企业，以生产"万事达"牌"生物键"营养口服液维持生计，名不见经传，年总产值只有520万元。1988年企业领导人怀汉新以设计费45万元之巨委托广东新境界设计公司为其创意、策划、设计商标并导入CI，对企业进行全面整合。新境界的艺术家和设计师们以"太阳神"为基础，把企业、商标、产品三个名称融为一体，以简练、强烈的红色圆形与黑色三角形构图为基本定位，构成对比，力求和谐，设计出像"太阳"与"人"的企业新标志——太阳神（APOLLO）商标。圆形是太阳的象征，代表健康、向上的商品功能与企业经营宗旨；三角形的放置呈向上的趋势，是APOLLO的首字母，象征人字的造型，体现出企业向上升腾的意境和以人为中心的服务及经营理念；以红、黑、白三种永恒的色彩，组合成强烈的色彩反差，体现企业不甘现状、奋力开拓的企业心态；太阳神字体造型是根据中国象形文字的意念，阳字篆体字体的⊙作为主要特征，结合英文APOLLO的黑体字形成具有特色的合成文字。这一独到的创意简洁、明快、鲜活，构成了强烈的瞬间视觉冲击效果，体现了企业独特的经营风格，使整个社会耳目一新，并通过大众传播媒介推出了各种专题活动和具有鲜明特色的系列广告，在公众中树立了良好的企业形象，迅速提高了知名度。该公司1989年改商标，规划实施CI，年销售额4113万元，1990年商标升格为企业标志，全面推广CI战略，年销售额2.4亿元，1991年达到8亿多元，1992年神话般地升至12亿多元，1993年仅"甘菊型"太阳神口服液单项年销售额竟达7亿元。太阳神在短短几年时间内迅速发展成为一个从饮料到食品、

图1-25　日本伊耐制陶（INAX）标志

图1-26　日本伊藤荣连锁百货（Ito Yokado）和平鸽形象标志

图1-27　日本番茄银行（TOMATO）标志

药业、房地产、贸易等广泛经营的集团公司，能取得如此骄人的成绩，很大程度上就是因为其适时地导入了CI工程，以焕然一新的企业视觉形象呈现在中国改革开放初期还处于一片空白和混沌的市场上，让人们体会到从未曾有过的视觉效应，给人留下了深刻的印象，并伴随着企业的声音识别——当太阳升起的时候，我们的爱天长地久——广告歌的传唱也迅速赢得了市场和消费者的信任和认同。

太阳神导入CI并且取得了巨大的成功，立即引起了中国企业界和新闻界的普遍关注，随着中国市场经济的确立和启动，CIS战略开始被中国的企业家们逐渐认识、注重和青睐，设计界也由单纯的工艺制作提升到市场策划的更高层次，更多的企业纷纷效仿其导入CIS，对企业进行视觉形象的整合，并相继取得成功。较早导入CIS战略的企业还有深圳的丽斯达，广州的名格、浪奇、科龙、卓夫、百得、华帝，浙江的康恩贝，江西的江铃等，主要是在1994年前后，导入CIS的热潮由南向北、由东向西逐步推开，波及中国大多数企业。其中的"健力宝""娃哈哈""乐百氏""四通""联想""小天鹅""科龙"等公司通过导入CIS获得了鲜明的企业形象和不菲的市场份额，为企业腾飞奠定了坚实的基础，也从此打开了企业的品牌之门，中国的CI开始走上轨道，也使之发展成为一个世界性的趋势。

图1-28 日本中泽乳业（Nakazawa）标志

图1-29 日本松下电器（Panasonic）标志

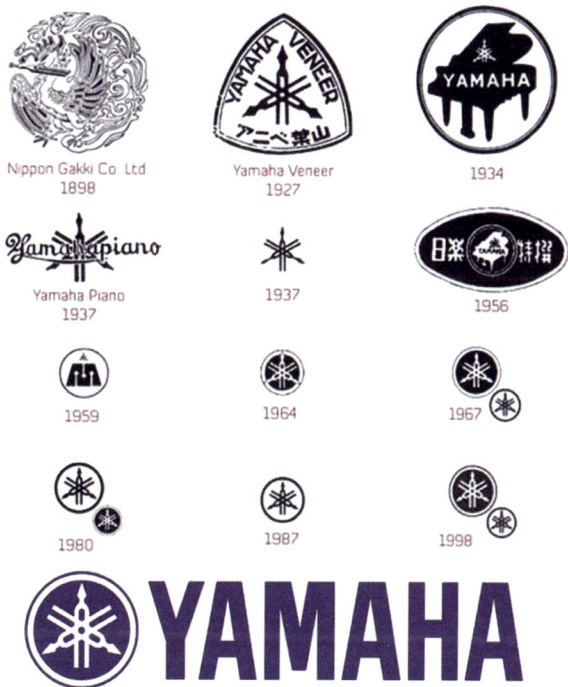

图1-30 日本雅马哈电子（YAMAHA）标志

图1-31　香港设计师靳埭强先生为中国银行设计开发的识别标志是中国内地企业导入CI的最早案例

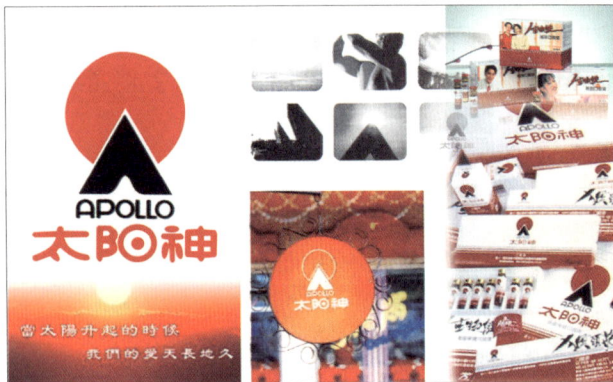

图1-32　广东太阳神标志及CI应用

图1-33　太阳神之后新导入CI企业的部分品牌标志

三、CI包含的内容及其相互关系、作用和意义

　　一般认为，CI系统主要是由MI（理念识别Mind Identity）、BI（行为识别Behavior Identity）、VI（视觉识别Visual Identity）三方面组成，也有的把HI（听觉识别Hearing Identity）也归入其中。

　　所谓MI，是指企业在长期生产经营过程中所形成的企业共同认可和遵守的价值准则和文化观念，以及由企业价值准则和文化观念决定的企业经营方向、经营思想和经营战略目标，是企业对目前和将来一定时期的经营目标、经营思想、经营方式和营销状态进行总体规划和界定。企业理念对内影响企业的决策、活动、制度、管理等，对外影响企业的公众形象、广告宣传等。MI理念识别的主要内容包括企业精神、企业价值观、企业文化、企业信条、经营理念、经营方针、市场定位、产业构成、组织体制、管理原则、社会责任和发展规划等。

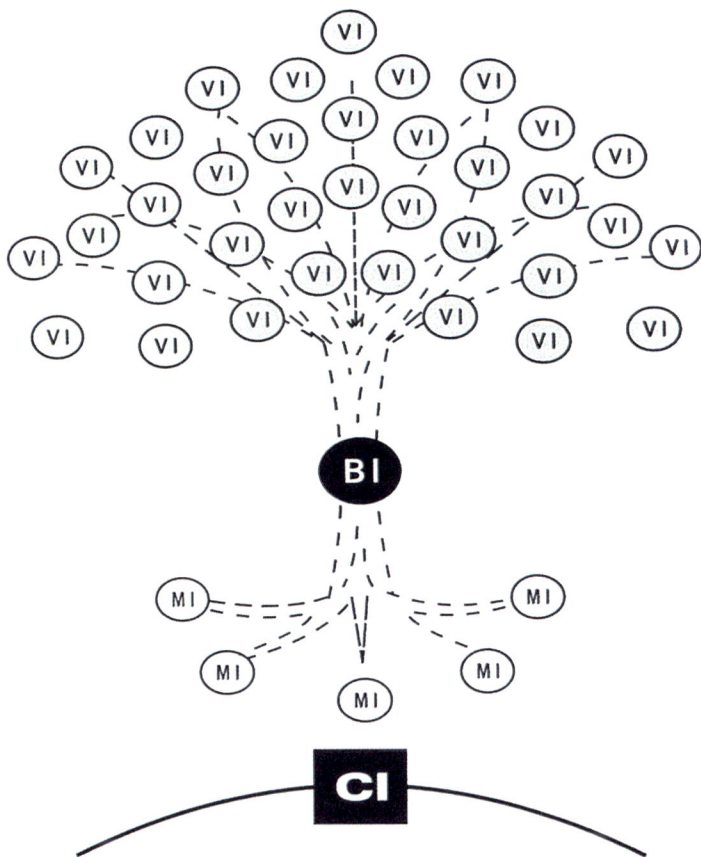

图1-34 CI之树——CI包含的MI、BI、VI及其相互关系

BI是企业理念的行为表现，包括在理念指导下的企业员工对内和对外的各种行为，以及企业的各种生产经营行为，直接反映企业理念的个性和特殊性，是企业经营理念与创造企业文化的准则，对企业运作方式所作的统一规划而形成的动态识别系统。包括对内的组织管理和教育，对外的公共关系、促销活动、资助社会性的文化活动等，通过一系列的实践活动将企业理念的精神实质推展到企业内部的每一个角落，汇集起员工的巨大精神力量，也传播到外部社会的每一个层面，累积起市场的高度价值认同和消费忠诚。BI行为识别的内容具体包括：对内的组织制度、管理规范、行为规范、干部教育、职工教育、工作环境、生产设备、福利制度等；对外的市场调查、公共关系、营销活动、流通对策、产品研发、公益性和文化性的活动等。

VI是企业理念的视觉化，是以标志图形、标准字体、标准色彩为核心展开的完整的、系统的视觉表达体系，将上述的企业理念、企业文化、服务内容、企业规范等抽象概念转换为具体符号，通过企业形象广告、标识、商标、品牌、产品包装、企业内部环境布局和厂容厂貌等媒体及方式向大众表现、传达企业理念，塑造出独特的企业形象。在CI设计中，视觉识别设计最具传播力和感染力，最容易被公众接受，具有重要意义。VI视觉识别的主要内容由基本要素和应用要素两部分组成，基本要素是视觉系统基本构成要素，包括：主要的企业品牌标志图形、标准字体、标准色彩；辅助的吉祥物、象征图案和组合编排统一设计。应用要素是基本要素的应用媒体、传播方式，包括：办公和事务性用品，招牌、标识牌和旗帜，员工制服，交通工具，建筑和环境，商品和包装，广告用品和展示陈列等。

日本著名CI专家山田英理综合对比了美日CI的差异后认为，CI包含两个方面的概念：第一，CI是一种明确地认知企业理念与企业文化的活动；第二，CI是以标志和标准字作为沟通企业理念与企业文化的工具。实际上在CIS的三大内容构成中，MI是其核心和内涵，是整个CIS的最高决策层面，为整个系统奠定了理论基础和行为准则，所有的行为活动与视觉设计都是围绕着MI这个中心展开的，又好像是一棵CI大树的根，需要深深地扎根于市场需求和消费者的心里，才能茁壮成长、枝繁叶茂，成功的BI与VI就是将企业品牌独特的经营理念和精神文化准确地传导和表达出来，仿佛粗壮的枝干和漂亮的花叶，从而树立起高大的企业品牌形象之树。

CI根据企业品牌及产品的内在特征确定其市场定位，制定从经营思想、行为规范到视觉识别一套完整的品牌化经营管理标准，调动企业每个员工的积极性和归属感，使各个部门能各行其职，有效合作，形成对外的强大力量。CI特别通过其中一体化的VI视觉符号系统形成企业品牌的独特形象，便于社会公众辨别、认知企业品牌，增强品牌的知名度，提高产品的竞争力，促进企业产品或服务的推广，既丰富和完善了企业的经营战略和发展规划，也建构和提升了企业的品牌文化和精神理念，从系统的角度保证了企业发展的一致性，制定了一部企业内部的品牌"宪法"，也是对现代化企业管理理论的成功应用，最终目的就是通过实施CI提升企业品牌形象，使企业在获得持续发展所需的人才、资金、信息等生产要素配置时始终处于优先的地位、良性的状态，同时，在消费者心目中建立起品牌偏好和消费忠诚，从而立于长久的不败之地。

四、CI的现状和问题

CI在中国的发展经历了20世纪80年代后期的美好初现、90年代的狂热迷恋以及随后尤其是新世纪以来10多年的冷落和孤寂，时至今日也已经走过快要30年的时光。台湾的CI大师林磐耸先生曾讲道："我们既不可将其贬低为粉饰企业的表面装饰，也不可以将其高估为企业脱胎换骨的灵丹妙药"，正如许多其他方面在国外行得通但是一拿到中国却不一定适用的情况一样，"拿来主义"的CI在中国这样一个不同于西方的文化背景和意识形态，以及特殊的发展进程、经济结构和现实模式，并且正在处于高度开放、外部经济环境极速变化、内部结构和体制矛盾较为突出，也希望尽快转变经济发展模式、促进社会和谐发展的有着特殊历史和特定国情的政治、经济和文化大国，也就变得更加复杂起来，存在着很多的现实问题需要面对和解决。

首先是因为国内的市场经济体制尚未完全成熟，加上不少企业尤其是中小企业对于CI的认知也并不全面，所以企业界还没有在普遍的整体意义上将其上升到通过创建企业品牌提高管理水平、增强营销实力和形成竞争优势的品牌化经营战略的高度，经费投入不足，实施举措不力。由于国内市场经济发展道路和企业体制结构的独特性，以及企业经营决策者素质构成的差异性，不少企业对于诸如资本、技术、设备、产品、定价、促销、政策和渠道等企业经营单个的相关要素比较关注，而对于品牌营销这种概念和战略还缺少足够的认知和重视，在实施所谓的品牌战略过程中，多数是注册几件似是而非的商标标志，张贴几句空洞无力的标语口号等，又或者是有一些大企业一掷千金地去搞一些不切实际的国际品牌并购，自贬身价地去做一点得不偿失的跨国品牌合资，其结果一般都是悄无声息，不了了之，或者是一败涂地，各奔东西。上汽之于双龙、娃哈哈之于达能、美加净之于庄臣、玉环之于A.O.史密斯、TCL之于阿尔卡特……以及这些年的联想收购IBM、腾中重工收购悍马、吉利竞购沃尔沃等，多半都是以"从中学到不少经验和教训""就当交学费了"聊以自慰，成功的案例了了，或者目前只能说是乐见其成。随着1998年甲A足球联赛中太阳神队的降级，太阳神集团也失去了昔日的辉煌，经营失策使得企业效益滑坡不止，品牌形象在公众的心目中日落西山，三株、巨人、飞龙这些导入CIS的企业纷纷落马，都给我国CIS事业的推广蒙上了阴影，使众多的企业对导入CIS产生观望和悲观消极情绪。不知道CI战略的真正意义是创建企业品牌，实现企业营销，

图1-35 "中围石油""中围石化"

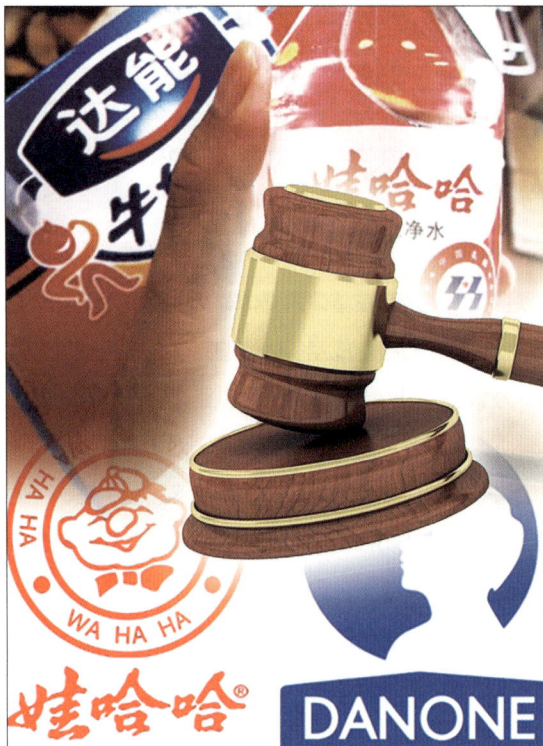

图1-36 娃哈哈与达能的"达娃之争"

图1-37 吉利以15亿美元成功收购沃尔沃

图1-38 新上汽集团的名爵和荣威汽车品牌

或者是以为能包治百病，一哄而上，又或者认为只是表面装饰，弄了一个VI就当做CI导入大功告成，买椟还珠，随后就束之高阁，从太阳神之后对于CI的狂热到后来十多年的冷落可见一斑。

　　还有就是作为CI专业学术研究和专门设计实践的各类机构对于CI的相关理论研究不深入、不到位，没有创新和突破，还未真正建构起"中国型CI战略"的有效模式，定位不科学，操作不规范，没有很好地发挥CI对于创建企业形象、累积品牌价值真正应有的强大作用和功能，使得CI的导入和实践失去了坚实理论的智力支撑，也就失去了企业的信任和持续的发展。客观上讲，CI战略的理论从20世纪80年代主要由日本传入国内的时间还不算很长，多数是套用和照搬，专门针对中国企业发展实际和经营管理环境现状的CI战略导入研究还不很全面和深入，诸如"美国型CI战略""日本型CI战略"等都不能真正完全适合中国企业品牌创建的实际。加上少数导入机构夸大其词、不切实际的"策划"和"指导"，出发点和动机也不一致和单纯，出几个"点子"就代替了专业的调研定位，配几个会PS图形软件的就算是做设计了，导致大量的企业标识粗制滥造、相似雷同，更谈不上能和真正的市场需求对接，把品牌的精神理念定位在消费者的心里。从实际操作层面上看，不少项目没有成立CI战略委员会等品牌创建工作常设机构，或者只是将其置于一个可有可

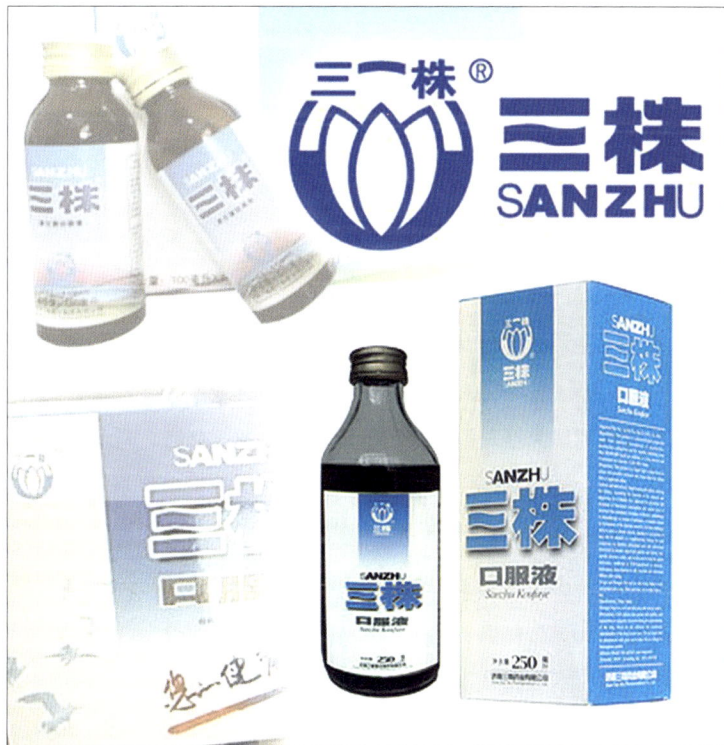

图1-39 曾经辉煌过的三株口服液

无的附属位置，不能使其对整个企业品牌创建的CI战略导入起到应有的策划和指导作用。

不过，反观和比照美日当时CI兴起与发展的社会条件和时机动因，几乎同时出现在转型发展、伟大复兴进程中的现代中国。20世纪50年代美国CI兴起的社会背景主要是新企业兴起和大企业国际化的企业经营管理需要、以汽车代步的车辆文化社会生活方式背景、包豪斯师生引领和促成的工业设计学的兴起。20世纪70年代日本CI发展的社会背景主要是信息时代的来临、新时代与新价值观的冲击、市场竞争方式的改变。现代中国的中小微型企业快速兴起，大型企业的多元化、国际化经营程度越来越高，汽车正在走入家庭快速进入百姓生活，现代意义上的相关工业设计、视觉传达设计等艺术设计教育也取得了丰厚的成果，网络和信息时代带来了更多的价值观念、消费形态、生活方式等方面的改变。这些社会因素随着中国改革开放进程的进一步深入以及人们精神文化生活需求的进一步提升，使得作为真正支撑国家经济基础发展并进而提升到上层建筑层面影响整个社会精神文化和意识形态、影响社会文明进步与和谐发展的特别是实体性经济中的制造和服务企业对于通过CI的导入来应对和解决各类显性和潜在问题的需求应该、也必将更为需要和迫切。

第二节 | CIS的实质——"设计品牌"

一、品牌的本质及功能

究竟什么是品牌？"现代营销学之父"美国学者菲利普·科特勒（Philip Kotler）认为："品牌是一个名称、名词、标记、符号或设计，或是它们的组合。其目的是识别某个营销者或某群销售者的产品或劳务，并使之同竞争对手的产品和劳务区别开来。"品牌的本质，应该是产品或者服务的提供者基于对市场消费需求和社会整体利益的认识与把握，形成内在的社会价值观念，明确的市场形象定位，通过鲜明而独特的符号与名称等形式的外化，通过规范而有效的营销整合，传达这一观念，强化社会认同。其不只是代表具体产品或者服务的价值，更是体现文化内涵和生活理念的价值。"品牌是消费者心中被唤起的想法、情感、感觉的总和。"站在"品牌设计学"的学科视角，我们认为，这里所谓的"品牌"，绝不再是单指狭义的某个"产品的牌子"，而是特指广泛和整体意义上的，通过策略性、系统化的市场创意和借助于物质态的、视像化的艺术表现来满足现代生活中的人们审美性、精神化需求的各种艺术设计活动所创造价值的总和。品牌具有超越于具体物态产品和服务、可以独立存在的本体价值，品牌的魅力在于它鲜明有力的形象性与无可替代的独特性。

从现代企业生存和发展核心竞争能力导向的历史演变来看，一般都遵循着从生产加工能力转变为技术创新能力，再到品牌营销能力的过程。一个具有较强知名度

图1-40 "现代营销学之父"美国学者菲利普·科特勒（Philip Kotler）

图1-41 大型自选超市琳琅满目的商品货架

和美誉度的品牌对于企业的营销来说具有强大的功能：第一，企业可以通过大批量地生产同一个品牌的不同产品来发挥其规模经济效益；第二，品牌具有受法律保护的不可侵犯性，强势的品牌可以对竞争对手形成市场进入的有效区隔和坚实壁垒，也可以使企业在与终端零售商以及相关中间经销商的关系中占据有利的主导地位；第三，鲜明而独特的品牌形象可以使企业显著区别于其竞争对手，提升企业的品牌形象力即可提升其市场竞争力；第四，深受消费者喜爱和信赖的品牌不只是对其产品或者服务的品质和质量始终如一的保障，也体现着消费者所追求的生活方式和社会地位，从某种意义上来说，也在实现着消费者的个人价值，因而使消费者产生长期稳定的忠诚度，有利于维持和发展与消费者的良性互动关系。品牌营销的核心就是通过实施企业经营的品牌化战略，来创造和提升企业的无形资产价值，打造适应市场即消费者物质和精神双重需求的有价值的品牌，使其所提供的产品或者服务在市场竞争的销售环节中形成被优先选择的优势，从而实现企业的较大盈利和发展。

二、CIS战略的调整和方向

为实现上述品牌功能，与此相关的品牌诊断、系统和优化及其创建、推广和延伸等都需要借助CI战略的方法和实施才能达到，CIS的战略就是企业系统性、品牌化经营的战略。我们既不能因为CI战略的理论引入到具体的企业经营管理实践中还存在一定的困难和问题就轻易否定了CI战略本身这种原本充满着科学性和系统性战略创新的价值，转而有病乱投医似的再次以同样拿来主义、更加不一定适用于国内企业特定经营实际和特有经营环境的诸如CS（Customer Satisfaction顾客满意）战略等其他理论来套用。正如治病需要一个过程，但药是不能乱吃的，或者是换汤不换药也是于事无补的。我们也要特别注意克服CI导入过程中品牌策划和艺术设计相脱节、重VI设计轻MI和BI甚至以美工代替CI策划与设计的全部工作以及CI导入程序混乱和错误等三大方面的问题，理解"策划"是属于品牌"大设计"概念的应有范畴，需要综合企业管理学、市场营销学、经济学、社会文化学、心理学、美学以及广告传播学、艺术设计学等方面的力量一起会诊、望闻问切，尽可能地对症下药，针对企业发展的实际，调整CI导入对于品牌价值生成的战略性思维，明确企业品牌创建的整体战略方向，寻求有效的企业品牌创建路径，力求CI导入和品牌创建的"品牌策划与设计"的真正成功。对于"中国型CI战略"有效模式的研究和建构也需要在每一次具体、有效的CI导入实践中去探索和总结才能最终形成和实现。

对于企业而言，需要认识到未来的时代是品牌的时代，未来的市场就在根植于消费者心底里的那些未被开发的新的市场空间，属于那些突破创意和充满活力的蓝海品牌，需要既借助扎实的西方营销管理理论基础，又需要能纯熟应用丰厚的东方文化资源，对企业的品牌战略进行一定高度的"顶层设计"。需要在一个整体的战略层面来认知和导入CI，需要在企业经营的思想层面树立全面的品牌经营观，在企业活动的行为层面确立一切行动以品牌为中心，长期不懈地坚持贯彻和执行CIS对于企业理念、行为和视觉识别方面系统化的品牌文化沟通和传播。在CI的经费投入上也应该将CI战略导入开发的相关策划、设计、推广和延伸经费视为创建企业无形资产价值的形象工程学上的必要投入，纳入企业发展的正常财务计划，而不能当做可有可无的多余开支。对于新建企业来说，在企业筹建之初就须对此投入，实际上也是最为经济和有效用的。中国银行在后来进行标志变更后，仅全国拆除更换的户外媒体，就造成了2000万元左右的损失。

对于专业机构而言，绝对不能把CI战略的导入等同于具体VI项目的设计。尽管这也是包含其中的非常重要的工作，但实际上就目前中国多数企业还只是产品OEM（Original Equipment Manufacture代工生产）制造商，不少所谓的"企业家"顶多也就算个规模大一点的工厂厂长的现实而言，要想帮助他们真正打造企业品牌或者是要提升为国际化的企业品牌，首要的还是要先明确企业品牌创建的目标和定位，在其品牌理念识别的指引下去进行有方向和有效能的视觉识别设计。否则，那个视觉的标志图形设计得再美也不一定能起到传达品牌精神和塑造品牌形象的作用，更谈不上将中国深厚、悠久的传统文化融入CI方案中，以美学的精神和艺术的形式帮助企业追求和实现内在美和外在美的和谐统一，成就一个成功的企业品牌。至于行为识别，我们认为要将其视为企业经营管理的重要工作，作为传达企业品牌理念的动态识别，与贯彻ISO质量体系认证标准一样，真正落实到企业的市场调研、产品定位、质量控制、广告宣传、售后服务、组织管理、发展规划、员工福利、社会公关、文化公益等管理活动中去。CIS委员会等品牌导入的创建运作工作常设机构应负责CI战略的规划、执行和管理，有效率地定期实施CI进度、品质、成本的核对与检查等工作，相关专业设计合作机构也要本着学术、专业和服务的精神

图1-42　"长三角"地区密集的出口加工型企业

负责任地协助企业推行、监督CI战略的实施，将CI视为一个不断运动发展的系统工程，根据企业自身各个时期的不同情况加以修正、补充与创新，保证CI战略的导入成功。

三、品牌价值的CI生成

超越了物态的、物用功能意义上的"品牌"的本质是其对于人们的生活理念的实现和自我价值的认同，也是一个象征、一种社会"关系"，是对于人们追求内心美好生活梦想的发现和承载。那个视觉化、符号化了的品牌标志只是作为其独特个性的标签和便于区隔的工具，是一种介质和手段，品牌的所有精神的、文化的内涵也包括物用的、经济的功能都抽象、升华、附生并凝结于这个符号之上，审美性的美学价值才是品牌价值的真正内核。在现代社会中，品牌的美学价值对人们的生活方式产生者日益重要的影响，也因此影响着整个社会的经济发展、文化意识等。

一般认为，企业力即企业核心竞争力是由商品力（研发、生产商品的能力）加上销售力（供给、促销商品的能力）形成的，而当市场经济发展到一定阶段，商品极大丰富，质量稳定可靠，进入到购买方式自选化、产品功能同质化的时期，形象力即商品的物质使用功能之外满足人们精神审美价值需求的产品造型、品牌形象甚至通过广告传播的生活方式和思想观念等文化性的"软性价值"就显现出来，人们愿意花费更多的金钱去购买这种附加的价值。CI战略就是通过MI理念识别、BI行为识别以及尤其是以企业标志为核心的VI视觉识别整体规范的系统运用生成这种附加的品牌美学"软性价值"的文化形象力。

品牌MI理念识别的定位和提出需要建立在针对品牌市场充分的调研和准确的分析基础之上，结合对于行业环境的整体分析和市场竞争者的品牌研究，分析目

图1-43　上海外滩南京路商业步行街

图1-44 上海"新天地""思南公馆"休闲街区

标市场主体潜在和现实的消费者人群当下以及今后对于企业品牌的期待和需要，既包括具体的产品和服务的物用功能，也包括群体性的对于精神文化和社会责任的承载，并结合企业自身的历史、信仰、所有权、技术、文化、人员素质等，把企业品牌的创建当做一项最为重要的长远事业，找到最佳的利益价值的理念定位和诉求原点，通过凝练抽象的文字信息进行表达和传承。这种企业根本价值观念的形成从一开始就将企业与市场紧紧联系在一起，绝不仅仅只是企业自我意识的表现，它确立了企业和产品品牌在市场中的定位和特征，影响和决定着企业行为和视觉识别的根本方向。

品牌BI行为识别的确立和规范真正在事实上影响着企业品牌MI理念动态传播的成效，最容易导致CI战略流于形式，最终失败，但也是企业品牌文化建构形成最为重要的一个环节，即使作为整个CIS品牌战略灵魂和核心的MI理念本身也是并且只有在企业的经营管理和营销活动的行为实践中经过提炼才能得以形成和提升的。需要企业决策层和导入机构专家基于上述MI理念识别的定位取得一致共识，制定长期的品牌战略规划，以企业发展、品牌创建的需要作为领导体制的主导，通过CI教育培训和宣传发动，使得企业的中、高层经营管理人员以及普通员工在内的所有人员全员参与，共同努力，并注重激发市场的关注和调动社会的力量，在企业经营对

内管理和对外公关等方方面面进行系统性的品牌化革命和改造。建立前瞻性的业务流程管理、人力资源开发和管理、信息及决策管理系统以及内部的约束机制和激励机制等，实现整个组织运营系统的"有效控制、保证效率、快速反应、资源共享"；把整个CIS策划与设计战略性和专业化的导入活动都融入企业品牌创建、推广和延伸的全部经营管理活动中去，以制度化的形式、公益化的活动等保障和促进企业与品牌、投资者与全体员工、消费市场与社会大众的共同利益、发展愿景和价值观念的完美结合；使CI的导入和品牌价值的累积成为一个长期坚持、慎独内化的经营管理和文化建构的活动自觉，而不是一个短期性的导入程序或者某个具体环节中的象征性仪式；使企业增强对于组织成员的凝聚力、吸引力，使品牌聚集对于市场消费的美誉度和忠诚度，从而形成对内对外的强大力量。

品牌VI视觉识别的表现和传播同样需要基于上述MI理念识别的定位展开，是企业品牌理念视觉符号化和系统化的艺术表现和美学传播，需要平衡好商业、文化与艺术之间的关系，追求艺术创意和文化内涵的巧妙结合与高度统一，采取一切可能的艺术手法和美的形式，在涉及企业品牌形象视觉传播的办公用品、服饰礼品、建筑环境、标识标牌、车体外观、产品包装、广告宣传、展示陈列等所有图形、文字、色彩和编排的物化手段和外化形态上统合设计出以标志为核心的系统的识别符号，并借助和运用于各种传播媒介，通过最强烈、简洁的视觉冲击和最广泛、有效的媒体互动，不单是有助于对内的信息交流和力量凝聚，更主要的是让企业外部相关的营销伙伴、目标消费群体和社会各界一目了然地掌握其中传递的差异化的品牌信息，发挥和调用消费者自己的主体性和想象力去补充和深化视像化作品所蕴含的品牌理念和思维空间，有利于在品牌企业和市场消费者主客体辩证统一的基础上实现消费主体内在精神需求和价值观念对象化的情感沟通和符号依恋，以刻画企业个性、凸显文化精神、塑造形象特征、累积认同价值。

第三节 ｜ CIS 品牌策划的原则

按照CIS品牌战略理论和操作技法实践的要求，成功的CIS品牌策划与设计应遵循战略性、差异性、民族性、系统性和实效性的原则。

一、坚持战略性的原则

作为创造企业优势、产品优势和竞争优势的CIS品牌战略是一项事关企业存亡、经济兴衰和涉及企业文化革新、经营理念提升高度的大事，是树立品牌形象的全新战略和系统工程，具有长期性、全局性和策略性的特征。CIS品牌战略应当立足当前，放眼长远，是企业未来5～10年甚至更长时间具体的发展步骤和全方位实施策略，绝非只是1～2年的近期规划或者仅仅是标志设计上的变更又或者企业名称的更改，或者反过来说，任何哪怕是标志上的细微变化或者品牌名称的适时调整都应该遵从和服务于企业品牌战略的长远规划和发展需要。

二、坚持差异性的原则

中西元男说："CIS的要点就是要创造企业个性。"无论是MI经营理念的定位，还是BI行为方式的塑造，又或者是VI视觉形象的表现都需要相对其他企业品牌采取创新性的差别化策略，需要在消费者的心智中寻找空隙和位置，树立企业鲜明的个性特征和品牌独具一格的性格特质，不能"千人一面"。准确的品牌定位是CIS导入的出发点，是成功塑造企业个性和品牌形象的第一步。所谓"风格即人"也是可以适用于品牌的，品牌在MI理念的"为人"定位上和BI行为的"处事"方式上就需要确立自己独特的风格，不只是针对不同行业不同性质的企业，也要在相同行业和相似产品或服务上都能鲜明地把本企业的理念与其他企业的理念区别开来。在直接可见的VI视觉传达设计中更加需要通过简洁明了、易于记忆、形象生动、意味无穷的企业品牌标志、名称、象征图形、吉祥物、招牌、装饰、包装、广告等表现和凸显自己鲜明的个性和特色，这样才能在成千上万的企业中脱颖而出，便于有效保护自身形象，显著区别于其他企业品牌，给人留下过目不忘的印象，增强社会公众的记忆度和企业品牌的知名度。

三、坚持民族性的原则

在全球政治角力、经济渗透和文化碰撞以及竞争与合作、威胁与机遇共存的"一体化"和"地球村"时代，作为CIS品牌塑造的战略策划与设计就不只是经济领域的课题，特别是当下谋求转型发展、力图拉动内需的关键时期，也就特别需要考虑文化的因素。事实上，强调理性、个体性，偏重于制度建设的所谓"美国型CI战略"和强调人情、和谐性，偏重于理念建设的所谓"日本型CI战略"也都是适合于他们的国情，根植于他们的文化的，我们的CIS品牌战略也必然需要适合于我们企业品牌的地域生长环境，根植于我们中华民族的丰厚文化土壤。而且，也只有如此，才能真正适应现代市场产品同质化、文化多元化的品牌营销竞争需要，真正创造属于精神审美和文化消费意义上的品牌美学价值，真正塑造具有灵魂和活力、独具魅力的本土品牌文化，真正赢得世界范围内市场消费应有的尊重和信赖，从而也有利于重拾国民的民族自尊和建构百姓的文化自信，有利于同步实现中华民族在世界物质财富和精神文明创造上的伟大复兴。正如著名经济学家于光远先生认为"经济发展的深层次是文化，文化是根，经济是叶，根深才能叶茂"，现代品牌的竞争，就是企业文化的竞争。未来所谓"中国型CI战略"的导入也必须与中国传统文化交融而形成企业自身独特的文化精神，建构有中华民族文化特色和自身风格的现代企业经营观念文化、管理文化和营销文化等行为体系和价值体系。一个"不接地气"、找不到文化之根的民族只会盲从和膜拜外来的品牌文化，需要别人尊重和信赖的前提首先应该是发自心底的对于本民族文化的自我尊重和认同。对于"民族的才是世界的"理解也要注意挖掘和汲取民族文化中能够适应现代生活需要和精神审美的精华部分，剔除和摒弃其中的糟粕，深入对比和分析中西方民族的文化传统、消费心理、审美习惯、艺术品位等，解决跨民族文化区域市场拓展和国际化进程中本土化文化融合的问题，发挥我们五千年文化传统的资源优势，创造具有中华民族特色的CIS优秀品牌。

四、坚持系统性的原则

CIS是一个系统工程，从CI包括的MI、BI和VI三个方面的关系来看，它们内聚外化，有机结合，相互作用，协调统一，是一个整体的企业品牌形象识别系统，不能相互脱节。就像一个人，理念是头脑和灵魂，对应真诚的人格，行为是处世方式，对应善良的性格，视觉是着装和仪表，对应美好的风格，讲究的就是心手合一，表里如一，言行一致，外美内秀，才能称得上是一个完整意义上的能够引起别人美好感觉并值得人们尊敬和信赖的人。在CIS的品牌策划与设计中要努力克服重活动形式轻内容实质、重视觉设计轻传播执行的割裂和肢解，需要多种专业知识的融会与贯通，各类专家和专业人才的通力合作，更需要专家与企业决策者包括企业全体员工的密切配合才能完成这一复杂巨大的系统工程。

五、坚持实效性的原则

"CI是一种问题解决学"，CI战略的最终成功需要通过长期不懈地执行和实施以及具体有效的传播和推广才能真正得以实现，其可操作性是一个十分重要的问题。其中的MI品牌理念是一种价值意识和经营观念，不是一般形而上学意义上的抽象思维的哲学，也不是一种虚无宏观的世界观和方法论，必须切合CIS的导入实践并便于实际操作才能成为当做企业品牌创建灵魂、核心和指导、依据的经营宗旨、经营方针和价值观念、行为准则，从而形成强大的导向力、凝聚力、激励力、辐射力。企业品牌BI行为识别系统就是其理念系统可操作性的支撑和保障，通过具体规划的实际行动使得企业品牌创建的美好愿景得以落地开花，硕果累累，避免其仅仅成为时髦空洞的口号。CI需要企业内部全体员工共同的参与和自觉的认同，而且特别需要通过品牌VI视觉传达系统将企业经营理念、企业品牌文化和企业营销活动推向社会，让更多的公众认知和认同。以VI代替CI固然错误，但是在视觉设计中投机取巧、拼贴盗用的"傍名牌"和花里胡哨、半土半洋的"花架子"也是无法真正起到创建独立有效的自有品牌价值和传播品牌理念、沟通消费情感的作用，是好看不中用的表面文章和无效装饰，无法承担起有利于商标标志注册、知识产权登记等商标权和著作权保护的基本作用，很难真正有实效地在公众中建立起良好的品牌形象。

图1-45 中国部分商业银行标志形象

第四节 │ CIS 品牌运作的组织形式、流程与方法

一、CIS品牌创建导入机构——CIS委员会

　　CIS的导入是一项复杂和长期的工作，需要全体高层管理人员的大力支持，各部门负责人与员工的积极配合以及相关专业机构的智慧与协作，同时也需要有必要的经费来保证前期调研、企划和实施的顺利进行，CIS品牌导入运作的组织工作需要落实到具体的机构和个人。一般根据企业的实际情况，组建合议制性质的CIS品牌创建导入机构——CIS委员会，是比较理想也是具有很强应用价值的组织运作形式。具体人员组成和任务分工参考如下。

　　（1）主任：企业最高领导和CI导入专家（2人）。

　　（2）顾问：相关经营管理、营销策划、艺术设计、广告传播等领域专家学者（3~5人）。

　　（3）委员：企业财务主管、高中低层员工代表、专业机构代表（3~5人）。

　　（4）CIS总策划：执行主任，也可由CI导入专家兼任（1人）。

　　（5）艺术总监：VI设计总体协调（1人）。

　　（6）调研及文案人员：MI和BI设计人员，可兼任调研和文案人员（3~5人）。

　　（7）设计人员：VI设计人员（2~3人）。

　　CIS委员会在建制上是隶属于企业最高领导的CIS品牌创建导入机构，根据本企业CI导入和实施的进程要求开展相关工作，其主要职责如下。

　　（1）确认CIS系统。关于导入CIS的政策方针和各项计划都应加以立案存档。

　　（2）根据CIS的导入方针和系统内容，策划前期调查事项，并对调查作业情况进行管理，同时举办企业内部员工的有关CIS教育活动。

　　（3）参考调查结果确立CIS概念，将立案后的活动计划呈送企业最高领导审批。

　　（4）按照确定的概念和计划，制作配合理念表现和识别系统的具体企划策略。

　　（5）按照被批准的识别系统计划，制作新识别设计开发要领，为开发新识别系统而采取适当行动。有些具体操作内容由专业公司进行设计开发，委员会负责管理设计开发过程。

　　（6）审议设计所表现的具体内容，然后将意见结果呈示给企业最高领导，得到批准后，此设计才算正式通过。

　　（7）对公司内外发布开发CIS的结果。

　　（8）在企业内部贯彻实施CIS。

（9）整理结论，确认以后的活动计划和管理结构。

（10）及时对实施中出现的问题进行总结，为以后改进和实施新的CIS战略做准备。

二、CI导入的流程与方法

为尽可能科学有效地保证企业品牌形象创建的成功，CIS导入的一般工作流程与方法如下。

（1）提案阶段

明确导入CIS的时机动机与目的任务，组建负责CIS品牌创建导入的专门机构——CIS委员会，安排相关品牌策划与设计作业的日程，预算导入CIS的费用，完成CIS导入建议提案书。

（2）调研阶段

确定企业品牌调研总体计划，分析与评估企业的营销状况，企业总体品牌形象调查与视觉形象项目审查，调查资料的分析与研判，完成品牌诊断调研报告书。

（3）策划设计阶段

完成CIS总概念报告书的策划，提炼创立企业品牌MI理念识别系统，规范完善BI行为识别系统，开发设计VI视觉识别系统，办理有关商标注册、知识产权登记、工商企业名称或经营范围变更等法律行政管理手续。

（4）实施管理阶段

实施内部传播与员工教育，推行MI经营理念与VI视觉设计系统，组织CIS对外发布，落实企业各部门的品牌管理，CIS导入效果测试与评估。

图1-46　CIS委员会（CI教育）

三一集团导入CIS战略建议书

三一集团公司：

贵公司于20××年8月23日邀请本所所长、研究员，我国著名CI专家梅雨先生一行2人，前往贵公司实地观察，并与袁金华董事交流，收集贵公司宣传画册与"三一文化理念体系"等，对贵公司企业经营实态和企业形象、企业文化有一初步了解。现遵照贵公司要求，以书面形式提出"亚太"对三一集团导入CIS战略的建议如下。

一、导入CIS战略的目标选定

三一集团是一家非常成功的民营企业，拥有自主知识产权核心技术。"三一重工"知名品牌、国内完善的营销网络和国际顶级的技术合作伙伴，产品市场占有率高，行业地位突出，经济运行良好，环境新迁，厂房现代，实力雄厚，员工素质较高。企业充满活力，呈快速发展态势。

但是，三一的优势只限于国内，同国际先进企业相比较，还存在一定差距。因此，三一集团导入CIS的战略目标，主要是整体提升公司形象和"三一重工"品牌地位，向国际一流企业目标迈进。

基于这一高起点的导入CIS目的动机，三一集团导入CIS应该高层次、全局性地进行战略规划，而不能只将CIS看成单纯的视觉（VI）设计，重蹈国内一些企业进入的"表象化CI"误区。

二、以提升"三一重工"品牌地位为导向

"实战型CI"强调对市场的开拓和占有。"三一重工"已经成为国内知名重工品牌，其下一个目标是将"三一重工"推向国际知名品牌高度，借以引导集团的规模扩张，占领国际市场，同时扩大国内市场份额，建立领袖品牌地位，增强企业核心竞争力。

三、以理念识别（MI）为核心全面导入CIS系统

在CIS战略系统中，理念识别（MI）居于核心地位，是CIS的灵魂、基石和动力源。中国企业的前期CI实践多数远离MI，是因为企业处于初级阶段，经营者MI观念浅薄，更与广告设计公司不能突破这一CI难点密切相关。"三一集团"发展至今日之实力规模，所要寻求的是构建长治久安的企业文化，获取企业可持续发展的动力源，而不满足于表层的装饰性的"形象包装"。因此，应该以理念（MI）为重点，构筑"三一之魂"，同视觉形象（VI）高度统一，传达"形神兼备"的三一重工形象。

分析贵公司现有形象要素，以标志和英文标准字为核心的视觉形象基础较好，具实力感、现代感；视觉系统只需系统化、标准化、规范化、国际化即可。但"三一理念文化体系"比较粗糙，需要提炼、升华，并形成完整的思想价值观体系，作为三一人共同的理想、信念、目标追求。将企业文化建设提升到一个新的水准、新的层面，确立"有文化的三一人"现代形象。

四、以厂区环境规划和品牌升级为重点的视觉（VI）形象推导传播

视觉识别（VI）作为CIS的硬件，是传播企业形象和品牌形象最直观的载体。依据贵公司新迁址经济开发区的现有情况，重点对厂区环境进行规划应用，将非常突显"三一集团"的现代企业实力形象，由此成为集团公司形象传播的主体；而面向国际国内两大市场方面，则应以突出品牌形象为主导，以达提升品牌地位目标。

五、导入实施CIS保障措施

"CIS是战略，是过程，是培育品牌和企业可持续发展的必由之路。"依据这一"亚太CI观"，贵公司将CIS当做长期的、系统的战略工程实施，必须从组织、人力、经费上给予保证，方能获取理想效果。需要成立以总裁为首的公司CIS委员会，下设CI工作部门，专人负责推导执行；以无形资产投资的角度，给予经费预算保证。

六、选择强有力的专业机构是导入CIS成功的关键

CIS战略具有很强的理论性、操作性和专业性。选择有实力的专业机构合作，建立战略合作伙伴关系，长期跟踪指导实施CIS计划，是贵公司导入CIS取得最佳效果的外力保障。

"亚太"对贵公司实力和前景看好，对"三一重工"品牌推进抱有信心和合作诚意。"亚太"愿持十年的CI研究与大庆、海尔、科龙、金利来等众多国内大型企业CI操作经验，（特别是近期为全国工业500强之一的株洲车辆厂、株洲硬质合金厂等全面导入CIS的经验），同贵公司真诚合作，将"三一重工"做成"中国型CI"的典型范例，在全国推广。

另外，亚太经济新闻中心是亚太CI战略研究所联体机构，可以在"三一重工"CIS策划设计完成之后，在形象宣传、品牌推广、新闻策划、公共关系中发挥CI推导执行的重要作用。

以上建议仅供参考。鉴于对贵公司了解程度不深，分析评价中倘有不妥之处，敬请海涵。

此致

专业机构：广州亚太CI战略研究所

二〇××年九月八日

（资料来源：www.cn－cis.com中国CI网）

CIS

第一节 | CIS 品牌调研

　　品牌调研是企业品牌CIS导入的前期基础工作，目的在于比较全面地了解企业的经营、管理、品牌、形象、文化等基本情况，为企业CIS品牌总体策划与形象设计提供依据，主要包括企业管理实态调研和企业形象实态调研，其准确性和全面性关乎之后品牌定位的成败以及品牌设计的方向。品牌调研需要制定具体的调研计划，完成相关的企业管理实态调研报告、企业形象实态调研报告等，了解企业品牌的优势与竞争的态势，进行总体评价并指出存在的主要问题，考察企业有哪些可开发的有价值资源，根据MI、BI、VI三个子系统搜集相关资料信息，将调查研究成果整理成"具体化"的品牌情报报告，以便于做到品牌策划与设计时有的放矢，胸中有数。

一、企业管理实态调研

（一）企业概况调研

1. 企业成立时间；　　　　　　　　2. 企业的性质；

3. 企业的地址；　　　　　　　　　4. 企业占地面积；

5. 企业设备情况。

（二）企业经营状况调研

1. 经营范围；　　　　　　　　　　2. 经营业绩；

3. 产品质量情况；　　　　　　　　4. 产品销售情况。

（三）企业人员素质调研

1. 姓名、年龄、性别；

2. 学历、学位、毕业院校；

3. 所在部门、行政职务、专业技术职务职称等要素；

4. 企业领导层素质构成图表；

5. 企业员工素质构成图表。

（四）企业研发能力调研

1. 技术力量；　　　　　　　　　　2. 科技协作；

3. 研发成果；　　　　　　　　　　4. 技术创新。

（五）企业竞争力调研

1. 竞争对手；　　　　　　　　　　2. 竞争优势；

图2-1 华为公司企业形象

3. 竞争劣势；

4. 竞争机会。

（六）其他调查

1. 总体发展规划；

2. 近期发展战略规划目标；

3. 行业战略；

4. 品牌战略；

5. 管理模式；

6. 经营环境；

7. 组织结构等。

调查方法：① 文献调研；② 总裁访谈调查；③ 中层干部访谈调研、问卷调查；④ 员工访谈调研、问卷调查。

调研成果：形成相关的企业管理实态调研报告。

二、企业形象实态调研

（一）企业商标调研

1. 企业商标注册、版权登记情况；

2. 企业商标权、著作权使用情况。

（二）企业标志图形、标准字体、标准色彩调研

1. 企业标志图形使用情况及图片；

2. 标准字体的使用情况及图片；

3. 标准色彩的使用情况及图片。

（三）视觉识别系统调研

1. 视觉识别系统图片及应用情况调研；
2. 产品、包装、广告、展示中的视觉识别应用情况调研。

（四）理念识别系统调研

1. 企业宗旨；
2. 企业精神；
3. 经营理念；
4. 质量理念；
5. 战略理念；
6. 服务理念；
7. 品牌理念；
8. 管理理念；
9. 用人理念等。

（五）企业形象宣传情况调研

1. 企业形象宣传载体；
2. 产品形象宣传载体；
3. 品牌形象宣传载体。

图2-2　企业品牌各类知识产权注册登记证书

（六）企业形象评价情况调研

1. 内部形象调查：内部员工对公司形象的评价；
2. 外部形象调查：消费者对公司形象的评价。

调查方法：① 文献调研；② 总裁访谈调查；③ 中层干部访谈调研、问卷调查；④ 员工、消费者访谈调研、问卷调查；⑤ 现场环境考察、摄影录像；⑥ 竞争对手形象对比分析。

调研成果：形成相关的企业形象实态调研报告。

案例2

桂林婵娟公司CIS调查问卷
（外部形象调查）

您好！感谢您接受我们的问卷调查，您的意见和建议将会为我们的决策提供至关重要的依据。谢谢！

1. 您是通过什么途径认识婵娟的？

　　○收到精美的宣传单

　　○尝过促销人员派发的试吃品

　　○蛋糕店进行优惠活动

　　○路边的醒目广告牌

　　○他人推荐

　　○其他 ＿＿＿＿＿＿＿＿

2. 您了解婵娟的经营理念吗？

　　○了解

　　○不了解

3. 如果婵娟的理念是"品质是我的人格，卫生是我的良心"，你觉得合适吗？

　　○合适，这是食品行业最基本的准则

　　○一般，没太注意

　　○不合适，应重新塑造，提升品牌形象

4. 您觉得婵娟店员服务态度怎么样？

　　○很好，服务热情周到

　　○一般，有待提高

　　○很差，态度冷淡不够耐心

5. 在回馈老顾客方面，您觉得婵娟做得到位吗？

　　○很到位，在重要节假日会有礼品派送

　　○不够好，没有会员打折或者积分制度

　　○很少有回馈老顾客的活动

　　○不清楚

6. 您认为婵娟在塑造企业文化方面存在哪些问题？

　　○没有统一的店面标志

　　○缺乏明确的主题和色调

　　○员工服装不统一

　　○提供的手提袋和蛋糕盒没有特色

　　○其他 _____

7. 您觉得"婵娟"适合做蛋糕店的店名吗？

　　○适合

　　○不适合

　　○一般

8. 您觉得婵娟的店面和室内环境应该给人什么样的感觉？

　　○温馨柔和

　　○质朴素雅

　　○舒适卫生

　　○简约清新

　　○其他 _____

9. 您觉得婵娟是否需要一首彰显企业风采的主题曲？

　　○需要，一首动听的主题曲有利于激励员工和抓住顾客的心

　　○无所谓，在购物时一般不关注这个

○不需要，主题曲对企业发展没有实质性作用

10. 以下几家桂林本地的蛋糕甜品店中，在您心中地位最高的是哪家？[多选题]

　　□摩玛

　　□婵娟

　　□大家庭

　　□彤妍物语

　　□香麦园

　　□丰收

　　□其他 _____

11. 您觉得婵娟在桂林的发展前景怎么样？

　　○好，仍然是龙头老大

　　○一般，在同行里竞争力不强

　　○不好，经营体制落后

12. 您觉得婵娟怎样才能在此行业里做到经久不衰？

　　○加大企业文化的宣传力度

　　○创造独具特色的店面风格

　　○营造舒适卫生的购物环境

　　○打造优质的服务

13. 对于婵娟的发展，请写下您宝贵的建议：

　　_____

　　_____

（资料来源：www.sojump.com问卷星）

案例2　桂林婵娟公司

第二节 | CIS 品牌诊断

对应上述企业管理、品牌形象的实态调研内容，需要根据已经形成的相关调研报告，结合现代企业经营管理的先进理念和品牌创建的原则要求，参考和对照一定的企业品牌诊断前提假设和系统的价值标准，具体分析其中存在的问题，提出品牌升级再发展的新命题，并以分类诊断报告和总概念报告的形式，分层次和针对性地给出相应的企业经营管理以及品牌形象营销在发展愿景、政策环境、文化理念、经营定位、市场需求、资源优势以及核心业务、产品研发、组织形式、机构设置、制度健全、生产流程、人才引进、员工教育和形象风格、广告传播、营销服务和公共关系等方面的全面、整体的企业品牌诊断策略建议报告。

一、CI品牌诊断前提假设和系统的价值标准

对于企业的品牌诊断，我们同样需要建立在一些理想化的基本前提假设和系统的企业管理以及形象建设的普遍价值标准之上。因为从方法论的视角，任何一种对事物的分析、评价和诊断也是都必须在一定的基本前提假设和标准参考体系的基础之上才能进行的。如果没有这样的品牌诊断参照体系，就会因为价值观念、立场和出发点的不同而不能作出统一的问题评价以及准确判断出一个品牌的优势与劣势、机会和威胁。

（一）CI品牌诊断的前提假设

品牌诊断的基本前提假设主要也是需要考虑到决策层面的发展意愿、消费市场的需求变化、企业所处的行业环境、产品的研发技术水平和销售的终端服务能力、组织结构系统的合理设置、视觉形象设计的风格认同、品牌文化的建构和有效传播等方面的一些理想化、系统论、普适性和大格局的MI理念上的假想预设。

（1）创建企业品牌是一项服务于社会发展的长远事业，不只是为了个人一时的经济方面的商业获利，其本质是独特的企业文化建设和管理艺术的社会传播以及为了社会公众或特定群体个性化的新的生活方式的创造，决策层领导者希望企业品牌健康、快速地成长与发展。

（2）品牌企业的长远发展将不再局限于某个行政区划的地域范围，在国家进一步的改革开放和全球政治经济文化社会竞合与一体化的时代，既需要着眼于全国乃至全球的视野，也需要视市场需求、具体行业的变化和条件与特定历史阶段的政治、经济、文化和社会的大势格局逐步发展。

（3）决策层领导者愿意以企业品牌的提升发展、产品或者服务的开发、营销公关、科学管理以及企业品牌文化的塑造需要作为领导体制的顶层设计主导，而不是以某个特定个人的喜好和经验来判断和决定其领导决策。

（4）品牌企业已经身处一个在政府基本行业规范下的完全开放的市场经济体系，既需要利用好国家和地方的各种政策利好，但也要避免短期投机心态和急功近利思想，需要真正把提供市场消费各种现实和未来的需求满足作为第一要务和努力方向。

（5）企业品牌的创建必须在确保产品或者服务品质的前提下，通过有效的品牌沟通和传播，实现品牌与市场"心与心"的情感交流与碰撞，并借由消费者内心升腾起的美好的感觉真正建立起一种良性互动的友好关系，一见钟情的心动或者矢志不渝的忠诚实际上都是建立在品牌内化的个性、风格、审美和情感价值之上的。

（二）CI品牌诊断系统的价值标准

对应上述品牌诊断的基本前提假设，也参考一般的企业管理研究理论，比如企业生命周期理论、企业成功管理要素理论、企业组织发展阶段理论、企业可持续发展理论等，我们提出以下五个品牌诊断系统的BI行为和VI视觉方面的价值标准。

（1）业务管理方面：需要提出明确的基于满足现实和长远市场需求的企业使命与发展愿景，引入科学管理的顶层战略设计规划，梳理并整合出具有优势市场竞争力的核心产品和服务能力，制定出符合特定行业业务发展的运作模式，也要规范和细化客户管理的制度和方法，使之适应业务拓展和提升的发展需要。

（2）组织运营方面：需要以科学管理的组织机构图形式理顺和明确品牌化企业的组织结构，以具体可行、权责分明的管理制度形式理顺和明确各部门、各相关组织机构之间的工作分配与职责关系以及业务流程和管理结构等。

（3）人力资源管理方面：需要以具有激励性、方向性和约束性的价值观、信念、仪式、符号、处事方式等组成来体现和突出人本的、柔性的组织管理文化特征，增强群体凝聚力，并制定相应的人力资源规划、绩效考核与分配、薪酬的系统性规划设计方案来实施保证，强化员工的能力管理、情绪管理和人才的选拔与激励等。

（4）行政管理方面：作为企业运转的中枢神经系统，品牌企业需要确保办公、财务、后勤、工作环境等方面的规范与运行，以总经理为最高领导，由行政副总分工负责，由专门行政部门组织实施和操作，深入到各个部门和分支机构的方方面面，推动和保证企业的技术（设计）、生产（施工）、资金（财务）、经营（销售）、发展（开发）几大业务的有效开展和相互协调。

（5）品牌管理方面：需要在明确定位、精准选择单一品牌策略、多品牌延伸

图2-3　一汽集团企业形象

图2-4　国家电网公司企业形象

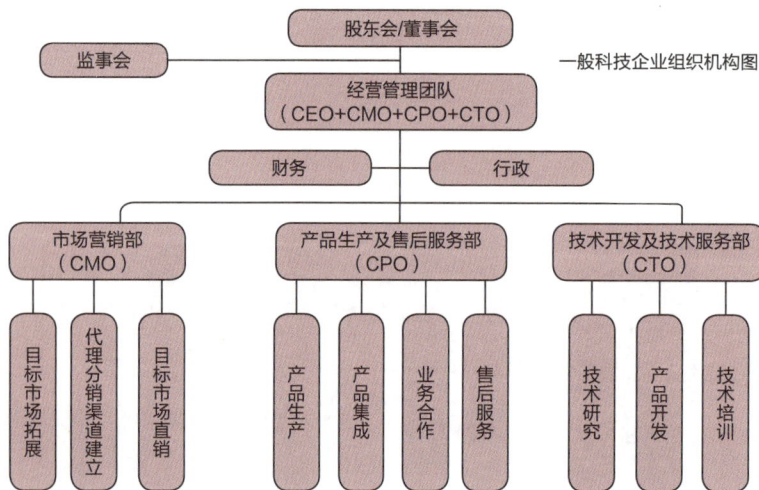

图2-5 一般科技企业组织机构图

策略、品牌联合策略等大的品牌战略规划的前提下，制定和实施细化的品牌名称商标保护策略、品牌知识产权保护策略、品牌VIS视觉形象系统或者PIS产品形象系统（Product Identity System）策略、品牌产品线组合和定价策略、品牌包装风格设计策略、品牌广告宣传和媒体组合策略、品牌展示和授权延伸策略、品牌公共关系策略等，有效实现品牌的导入、推广和延伸，建立起在消费者心目中的综合形象——包括其属性、品质、档次（品位）、文化和个性等。

二、CI品牌诊断要素和价值评估方法

（一）CI品牌诊断要素

管理学的研究认为，一般企业是否能够从初创的中小微型企业发展成为国际化的长寿命大企业，其成功的发展因素可以归纳为环境因素、人文因素和组织因素。有人把环境因素称为"上帝的第一推动力"，也就是说选择朝阳产业行业的发展和拥有特殊的优越区域经济环境都会给企业带来难得的初创发展机遇。如果身处一个本来就没有了发展前途的夕阳产业里，再努力的企业也不会获得超额的利润回报。人文因素包括企业全体员工的共同精神创造，但更主要的是指企业家的自身文化修炼，企业的初创发展离不开企业家的胆识、魄力和眼光，但是企业的长久发展需要企业家克服因短暂成功而带来的自满与骄傲，不断提升自身的能力和修为。组织因素主要是指企业的长远发展必须在企业家自身修炼的前提下，构建起一个科学有效的企业发展组织机构系统和业务运作流程，并且这样的组织机构体系平台要能够随着产业环境的变化和企业发展方向的调整而不断地进行改进与修正。

CI品牌诊断也需要在宏观的层面从上述三个企业发展的成功因素作为品牌是否能够成功建构和发展的"前提三要素"进行评判，而且还需要在微观的层面从具体的领导与决策、战略与成长、组织与人事、过程与创新和绩效与评价等五个方面审视和检阅企业品牌价值体系的建构和发展是否健康、有效。在一个完全开放和充分竞争的市场环境中，任何企业的发展、稳定与超越都必须在一个系统的管理框架下进行顶层设计并顺利有效地开展相关的工作，这五个方面也是我们认为的品牌"成功五要素"，可以对照前述的CI品牌诊断系统的价值标准进行定性评估。

当然，就可以作为评估对象的基本内容而言，CI品牌诊断的"内容六要素"是品牌名称、品牌概念、品牌故事、品牌个性、品牌理念（哲学）和品牌形象。品牌名称必须让人易读易记、独具特色，还要具有亲近感和可延伸性。品牌概念主要基于产品或者服务本身的物理属性和商品品类，需要体现对于产品或者服务品质的坚持和与众不同的特征、特点和特色。品牌故事是便于传说的品牌历史和便于传播的品牌理念，一个成功的品牌一定需要有一个美好动人的传奇。品牌个性是品牌拟人化的发展必然，其实也是体现品牌理念独特之处以及便于转化为消费者自我认同和自我表达的基础，比如北京同仁堂塑造了一个忠厚诚实的个性，美特斯邦威则塑造了一个桀骜不驯的个性，虽然不一定为成年人喜欢，但却容易受到青少年的追捧。品牌理念（哲学）包括品牌使命、品牌思想和行为准则三部分，也就是MI理念识别系统，是品牌的内核、价值和感召力，是一个品牌最为特别和持久的正能量源泉。品牌形象包括一切品牌的VI视觉系统的外化形式，包含标志、色彩、字体、产品、包装、广告、展示等。

由此，也形成了CI品牌诊断定量评估的"指标五要素"：品牌认知度、品牌知名度、品牌忠诚度、品牌联想度和品牌其他资产值，这五个要素是相辅相成、相互关联的，在进行品牌评估时也要围绕在这五个方面进行，缺一不可。品牌认知度包括消费者对于品牌的产品认知、企业认知以及符号认知，其中，对于包括品牌标志及VI、宣传口号、宣传广告等在内的符号认知只是品牌认知的一个小小的构成，还应包括对产品品质、功能以及外观、包装设计认可的产品认知，对企业性质、规模实力、企业家以及企业文化认知的企业认知。品牌知名度是品牌在消费者群体中的经提示后的知名度与未经提示后的知名度，是指潜在消费购买者认识到或记忆起某一品牌是某类产品的能力，也不同于品牌认知度，需要通过对于消费者的询问才能了解，并将有利于指导下一步的诊断工作。品牌忠诚度是指消费者基于价格、质量、个性等诸多因素的考量仍然对某一品牌的产品或者服务情有独钟，形成偏好并且长期地购买、消费这一品牌的行为反应程度，包括品牌美誉度、额外付出度及满意度，其中的满意度包括产品功能满意度、个人使用满意度以及社会公众印象满意度三个主要方面。品牌联想度包含品牌印象、核心联想、属性联想以及个性联想四个方面，考察评价消费者是否准确联想到品牌设计的定位、价值以及应该体现的独有特性的程度。品牌其他资产值也就是考察评价品牌市场运作当下的最终效果，体现在品牌的市场占有率、渠道覆盖率、销售溢价能力以及商标转让市场价值四个方面，也就是所谓品牌的市场"落地"和价值"兑现"能力。

（二）CI品牌价值评估方法

既然我们认定企业品牌具有特别重要的无形资产价值，那就需要评估其价值的高低，这也应该是CIS品牌诊断的一个重要内容。品牌价值是指品牌在某一特定时点的、可以参照利用类似有形资产评估方法计算出来的具体金额，即其市场价格的量化。目前的主要方法有市场结构模型法、Interbrand价值评估模型法、Kemin模型法、千家品牌价值评估模型法和收益法、免付使用费法、剩余价值法、成本法、预期可获价值法、市场法、十要素综合评估法、忠诚因子法、MSD评估方法等，实际评估时通常需要采用两种或两种以上方法，以便确定价值下限并加以印证。但是鉴于我们国内此类经验的缺乏，在此仅先引用介绍前四种国际上比较流行的品牌价值评估方法。

1. 市场结构模型法

这是美国《金融世界》主要使用的评估方法。其思路是在已知某一相同或类似行业品牌价值的前提下，通过比较来得出自己品牌的价值，是一个相对的参考性品牌价值。具体步骤如下。

图2-6 北京同仁堂店面形象

图2-7 美特斯邦威店面形象

（1）测算出已知价值品牌和被评估品牌的三种能力数值。

市场占有能力：企业销售收入/行业销售总收入；

市场创利能力=净资产收益率－行业平均净资产收益率；

市场发展能力：销售增长额/上年销售额。

（2）求出被评估品牌每种能力占已知价值品牌相应能力的百分比，再根据行业的具体情况如企业规模、行业特征等对三个能力的百分比进行权数的调整，然后进行加权平均计算。

（3）代入公式。

其计算公式为：$V=V_0 \times \omega$。其中，V为被评估品牌价值；V_0为某一可以比照参考品牌的价值；ω为调整后的加权平均百分比，ω反映了被评估品牌的市场占有能力、市场创利能力和市场发展能力，也反映了品牌所属企业的规模和行业特征等。它认为，任何品牌的价值都必须通过市场竞争得以体现，不同品牌的价值与该品牌的市场占有能力、市场创利能力和市场发展能力呈正相关关系，同时还要考虑市场上不确定因素对品牌价值的影响，以准确地评估品牌的价值。

这种方法的优点是考虑了品牌的市场占有率、赢利性和成长性，较为客观地评价了品牌的价值。缺点是实际操作性存在问题，其方法是建立在已知某一相同或类似行业品牌价值基础之上的，但这个价值是如何被计算出来的？即使有的话是否准确？因为前提的偏差或错误会导致后续数据的错误，因此得到的品牌价值是一个相对估计价值，误差不易控制。

2. Interbrand价值评估模型法

作为全球最大的综合性品牌咨询公司，Interbrand所设计的品牌价值评估模型方法已经获得国际标准化组织（ISO）10668:2010的认证，其假设品牌创造的价值在未来一段时间是稳定的，通过计算品牌收益与品牌的强度系数来确定品牌的价值。在使用时，一般要考虑以下三个问题。

（1）剔除非评估品牌所创造的利润和同一品牌中其他因素创造的利润。首先是在评估一个品牌的利润时，要将其余品牌所创造产品的利润去除。比如假设宝洁公司要评估"飘柔"品牌的价值，它必须将旗下"潘婷""诗芬"等其他洗发水品牌所创造的利润剔除。其次，要剔除同一品牌产品中其他因素所创造的收益，因为原材料、固定资产、管理等经营要素也对产品的利润作出了贡献。但由于在实际中几乎不可能单独计算每一要素的收益，所以一般通过计算这些要素的预期报酬率来计算它们的利润。预期报酬率的确定因行业的不同而不同，一般而言，预期报酬率在5%~10%之间，技术含量较低的产业，预期报酬率较高，反之亦然。

（2）平均利润的确定。Interbrand模型考虑的是品牌的持续经营能力，因此对品牌的利润进行了加权平均的调整。当年的利润权数为0.5，上一年的利润权数为0.33，再上一年的利润权数为0.17，并根据经济发展趋势和通货膨胀率进行相应的调整，以确保数据的可比性和利润的稳定性。

（3）强度系数的确定。Interbrand公司通过调查给出了一个品牌强度影响因素的量化表，通过专家打分的方式来确定品牌强度系数。指标项目包括领导地位、行业特征、品牌稳定性、地域影响力、品牌发展趋势、品牌所获支持、品牌法律保护等，总分越高，则品牌的实力越强，预计使用年限就越长，Interbrand通过大量调研，将G的范围定义在6~20之间。分数越高，G则越接近20。

其计算方法为：$V = I \times G$，其中V是品牌价值，I是品牌给企业带来的年平均利润，G是品牌强度系数。

Interbrand价值评估模型优点是方法有权威性，涉及对过去和未来销售额、利润的分析和预测，对处于成熟且稳定的市场品牌而言，是一种较为有效的价值评估方法。缺点是对于未来的销售额、利润的预测存在不确定性，影响结果的可靠性，且很难评定品牌强度的系数因素是否全面。

图2-8　王石登顶珠峰的企业家形象也提升了万科的企业品牌形象

3. Kemin模型法

Kemin模型的评价依据是企业品牌的市场表现和企业拥有的技术创新能力，并且考虑到了市场的一般资金利率水平。

其计算方法为：$V= \sqrt[3]{U^2 L \dfrac{q^n-1}{q^n(q-1)}}$

其中，V为被评估品牌价值；U为每年的市场销售额；L为专利数目；n为时间长短；q=（1+r）/100，r为一般利润水平。

Kemin模型优点是方法简单，可操作性强。缺点是没有考虑品牌未来的收益，只能得出新旧品牌价值的市场反映，不具有对品牌长期发展的指导意义。

4. 千家品牌价值评估模型法

千家品牌价值评估模型是千家品牌实验室于2009年3月27日正式提出的品牌价值评估初步设想，目前主要针对的是中国家居装饰品牌。千家品牌价值评估模型

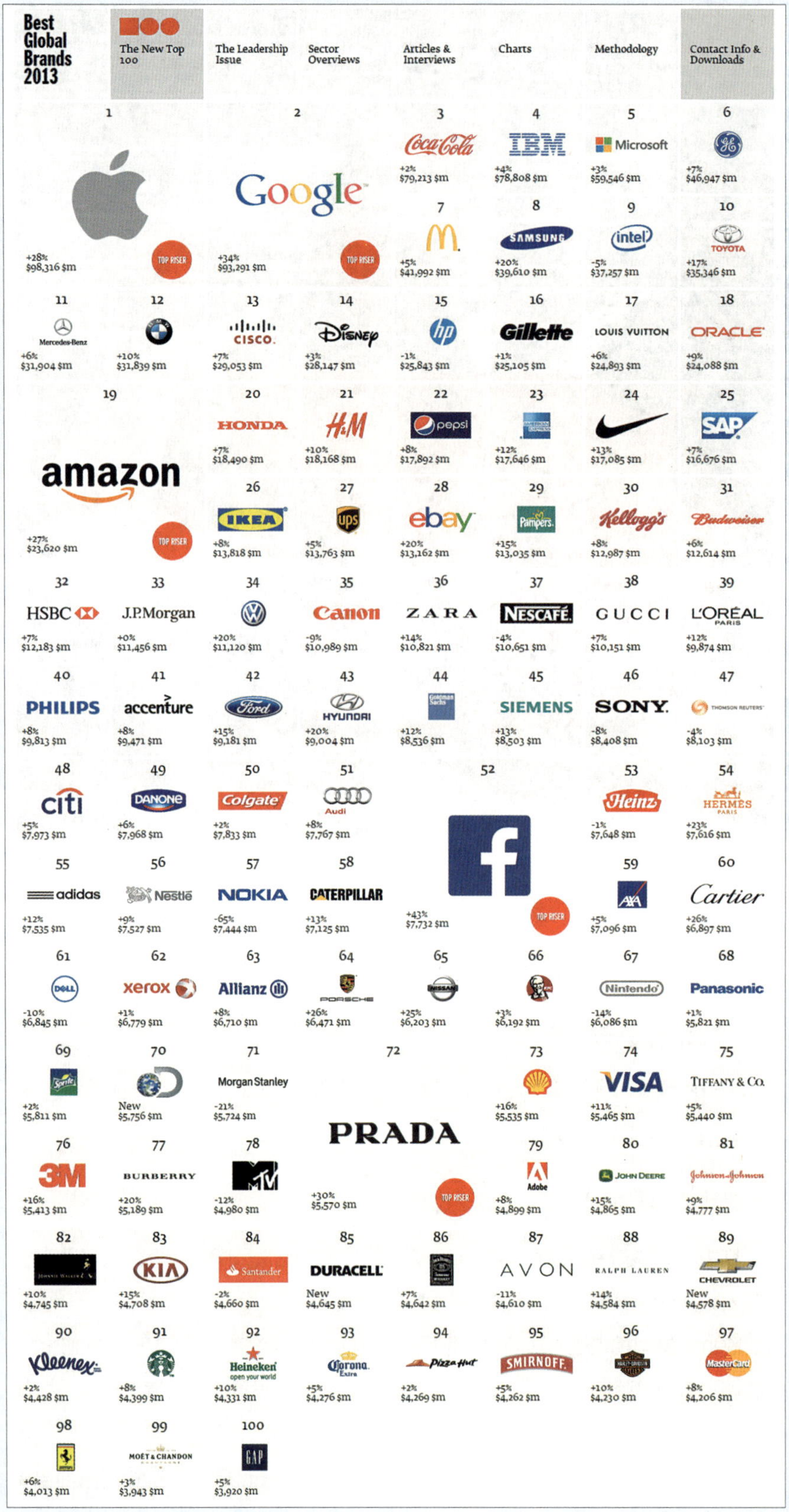

1 — Apple +28% $98,316 $m · TOP RISER

2 — Google +34% $93,291 $m · TOP RISER

3 — Coca-Cola +2% $79,213 $m

4 — IBM +4% $78,808 $m

5 — Microsoft +3% $59,546 $m

6 — GE +7% $46,947 $m

7 — McDonald's +5% $41,992 $m

8 — Samsung +20% $39,610 $m

9 — Intel -5% $37,257 $m

10 — Toyota +17% $35,346 $m

11 — Mercedes-Benz +6% $31,904 $m

12 — BMW +10% $31,839 $m

13 — Cisco +7% $29,053 $m

14 — Disney +3% $28,147 $m

15 — hp -1% $25,843 $m

16 — Gillette +1% $25,105 $m

17 — Louis Vuitton +6% $24,893 $m

18 — Oracle +9% $24,088 $m

19 — amazon +27% $23,620 $m · TOP RISER

20 — Honda +7% $18,490 $m

21 — H&M +10% $18,168 $m

22 — Pepsi +8% $17,892 $m

23 — +12% $17,646 $m

24 — Nike +13% $17,085 $m

25 — SAP +7% $16,676 $m

26 — IKEA +8% $13,818 $m

27 — UPS +5% $13,763 $m

28 — ebay +20% $13,162 $m

29 — Pampers +15% $13,035 $m

30 — Kellogg's +8% $12,987 $m

31 — Budweiser +6% $12,614 $m

32 — HSBC +7% $12,183 $m

33 — J.P.Morgan +0% $11,456 $m

34 — VW +20% $11,120 $m

35 — Canon -9% $10,989 $m

36 — ZARA +14% $10,821 $m

37 — Nescafé -4% $10,651 $m

38 — Gucci +7% $10,151 $m

39 — L'Oréal Paris +12% $9,874 $m

40 — Philips +8% $9,813 $m

41 — accenture +8% $9,471 $m

42 — Ford +15% $9,181 $m

43 — Hyundai +20% $9,004 $m

44 — Goldman Sachs +12% $8,536 $m

45 — Siemens +13% $8,503 $m

46 — Sony -8% $8,408 $m

47 — Thomson Reuters -4% $8,103 $m

48 — Citi +5% $7,973 $m

49 — Danone +6% $7,968 $m

50 — Colgate +2% $7,833 $m

51 — Audi +8% $7,767 $m

52 — Facebook +43% $7,732 $m · TOP RISER

53 — Heinz -1% $7,648 $m

54 — Hermès Paris +23% $7,616 $m

55 — adidas +12% $7,535 $m

56 — Nestlé +9% $7,527 $m

57 — Nokia -65% $7,444 $m

58 — Caterpillar +13% $7,125 $m

59 — AXA +5% $7,096 $m

60 — Cartier +26% $6,897 $m

61 — Dell -10% $6,845 $m

62 — xerox +1% $6,779 $m

63 — Allianz +8% $6,710 $m

64 — Porsche +26% $6,471 $m

65 — Nissan +25% $6,203 $m

66 — KFC +3% $6,192 $m

67 — Nintendo -14% $6,086 $m

68 — Panasonic +1% $5,821 $m

69 — Sprite +2% $5,811 $m

70 — New $5,756 $m

71 — Morgan Stanley -21% $5,724 $m

72 — PRADA +30% $5,570 $m

73 — Shell +16% $5,535 $m

74 — VISA +11% $5,465 $m

75 — Tiffany & Co. +5% $5,440 $m

76 — 3M +16% $5,413 $m

77 — Burberry +20% $5,189 $m

78 — MTV -12% $4,980 $m

79 — Adobe +8% $4,899 $m · TOP RISER

80 — John Deere +15% $4,865 $m

81 — Johnson & Johnson +9% $4,777 $m

82 — +10% $4,745 $m

83 — KIA +15% $4,708 $m

84 — Santander -2% $4,660 $m

85 — Duracell New $4,645 $m

86 — +7% $4,642 $m

87 — Avon -11% $4,610 $m

88 — Ralph Lauren +14% $4,584 $m

89 — Chevrolet New $4,578 $m

90 — Kleenex +2% $4,428 $m

91 — Starbucks +8% $4,399 $m

92 — Heineken open your world +10% $4,331 $m

93 — Corona Extra +5% $4,276 $m

94 — Pizza Hut +2% $4,269 $m

95 — Smirnoff +5% $4,262 $m

96 — Harley-Davidson +10% $4,230 $m

97 — MasterCard +8% $4,206 $m

98 — Ferrari +6% $4,013 $m

99 — Moët & Chandon +3% $3,943 $m

100 — GAP +5% $3,920 $m

图2-9　Interbrand每年发布年度全球最佳品牌排行榜

是基于品牌指数系统的品牌价值评估模型，包括两种评估方法：品牌累积价值评估和品牌转化价值评估。

品牌累积价值或称为品牌媒介注意力价值，是以货币形式量化表达品牌所获得的各种媒介的注意力总和。计算公式为：$V1 = R \times M1 \times A/M2$。其中，V1表示品牌累积价值；R表示所有媒介资源价值；M1表示行业成熟度；A为品牌媒介注意力值；M2表示品牌成熟度值。

品牌转化价值是指由于品牌存在而为企业带来的预期总收益的增值。计算公式为：$T = (S1+S2) \times Y$。其中，T为品牌转化价值；S1为品牌所占有的行业销售额增值；S2为品牌个体销售额增值；Y为预期总收益年限，根据实际情况取6~20年不等；这些变量与行业的销售额、销售额增值、行业内的其他品牌有关。

千家品牌价值评估模型的优点：是已有评价方法的创新，可根据不同的场合选择不同的评价方法。缺点是2009年才提出设计品牌价值评估模型的设想，还不够成熟。两种评价方法，一种只关注品牌引起的媒介关注度，另一种只关注品牌给企业带来的收益，评价都不够全面。

另外，也有研究者充分考虑了中国企业品牌为了强化与国际品牌的竞争，往往采取牺牲利润保市场的策略，而且，由于品牌集中度不够，加之地方保护、行业保护等非市场因素还有一定的存在，导致竞争成本加大进而直接影响利润的现实情况，因此提出了更加看重销售收入指标的所谓具有中国特色的品牌价值量化公式：品牌价值=品牌的市场占有能力+品牌的超值创利能力+品牌的发展潜力。他们认为，构成企业品牌竞争力的指标可以分为内在质的指标与外在量的指标两种。可靠的质量、先进的技术、有效的管理和人员的素质等内在质的指标决定了品牌是否具有持久竞争力的基础。但是，具备这些基础不等于品牌就能够占据市场优势，品牌价值最终要体现在是否有更多的消费者愿意花钱购买这个品牌的产品或者服务，即强调由质的指标要转化到量的指标上来。因此，该品牌价值评估量化公式不研究企业的资产收益、资金利用、投资收益和固定资产等情况，而是关心品牌是否具有较大的市场份额、较高的超值创利能力、较强的出口能力、商标是否具有较为广泛的法律效力和不断投资的支持，以及品牌是否具有较强的超越地理和文化边界的能力。这个公式最关键的指标则为销售收入、利润额、潜力系数，其中品牌的市场占有能力是以销售收入指标为基准的，把营业额或销售收入直接作为品牌价值的一个权重；品牌的超值创利能力也是参考国际惯例以利润作为重要指标；潜力系数是通过指标量化辅以分析计算得出来的。潜力系数的重要指标主要包括：品牌商标在国内外注册数量与范围，也就是法律保护状况；品牌已经使用的时间年限，也就是品牌的稳定使用历史；产品出口或海外经营状况，也就是品牌超越地理和文化边界的能力；广告宣传投入，也就是品牌所获支持的力度；技术领先如专利开发能力等。这种品牌价值评估量化的公式的确考虑到了中国企业品牌创建的现实国情，有很强的针对性和适用性，相信经过更为广泛和实际的操作实践，一定会具有更为强大的应用价值和指导意义。

三、CI品牌诊断内容、结果分类和影响品牌发展问题的根本原因

（一）CI品牌诊断内容

1. CI基本要素的同一性诊断

同一性诊断是对企业品牌形象CI识别各个基本要素的相同性和一致性进行考察。主要包括下面的内容。

（1）企业名称、产品品牌、商品商标三位一体的相同性诊断。在对企业进行CI诊断时，首先就要考察名称、品牌、商标三者是否相同。如果不统一，主要表现在哪些方面，应分析问题原因，提出新的思路。衡量的基本原则是同一性，第一要义是企业名称、品牌、商标应该三位一体、高度一致。

（2）企业品牌MI、BI、VI识别体系相互关系的一致性诊断。需要考察MI企业理念是否有一套完整的BI行为规范来进行有效的措施保障，VI是否充分反映和体现了企业MI和BI的基本精神。如果MI没有BI具体化，就会沦为空头口号，失去意义，如果VI与MI和BI脱节，那么VI就像水中浮萍，没有根基，都无助于建立和强化良好的企业品牌形象。

2. MI企业理念诊断

首先诊断企业品牌有没有确立明确的经营理念。其次要看这些理念精神是否精准正确、有效实施。主要参照以下指标：能否反映行业特征；能否反映企业个性；能否反映品牌特色；能否反映政治、经济、社会和文化要求；能否反映消费者的特定需要；是否高度概括、简明扼要，具有较强的可操作性。检视精神理念的传播是否通过媒体系统化地准确传达、是否获得公众互动性的接受认同，检视精神理念是否取得具体化的效果，发挥最大化的效力。

3. BI企业行为规程诊断

企业行为规程的诊断主要包括决策层领导者、职能部门管理人员和基层员工岗位人员行为规程诊断。企业要通过制定规程来指导、提示和监督全体员工的行为，形成标准化的协调一致的自动化、规范化运作流程，使管理者从繁杂的事务管理中解脱出来，投入到企业品牌的未来发展谋划中去，这是企业正常运行的基本保证。

4. 品牌化的市场营销诊断

在目前的买方市场状态下，市场营销的成败直接影响和决定企业经济效益的好坏，准确把握市场消费的需求变化并通过及时研发、有效供给实现企业良性发展是关键。市场营销诊断主要考察以下内容：是否制定了可操作性的营销计划；是否通过市场调查准确掌握了市场情况；是否具备强大的产品销售营销竞争力；是否

图2-10 联想企业品牌形象

有计划地开展了促销活动，促销方式是否适当，费用、媒介选择是否经过精心策划等。

（二）CI品牌诊断结果分类

通过系统的诊断和分析，我们对企业品牌的现状做了一次重新审视、调查和总结，洞察了品牌的过去、现在和未来，了解了品牌的价值竞争力和生命健康程度，进而可以从品牌对消费者的价值传递、在市场中的直观表现和在营销中的竞争前景三个角度去综合考量，根据品牌在这三个方面表现的强弱程度，清晰界定出品牌的市场位置、品牌策略的市场效果、品牌的竞争能力以及品牌管理的未来方向，并基于三个方面表现的平衡程度，可以得出如下八种品牌诊断结果分类：强势品牌、弱势品牌；成长品牌、流行品牌；特异品牌、现实大品牌；低价品牌、利基品牌。每一种品牌都有其进一步发展和提升的机遇和空间，也都可能存在着一定的问题和不足。

（三）影响品牌发展问题的根本原因

企业品牌的发展首先就需要面对企业是否选择品牌化生存以及品牌企业的生命周期如何创新突破和升级发展的问题。在现代市场竞争已经处于高度品牌化营销的新时代，企业是否选择品牌化生存应该已经成为一个毫无疑问的伪命题，答案当然是肯定的。但是品牌企业的生命周期规律却从根本上影响和决定着企业品牌的长久发展，所谓"皮之不存，毛将焉附？"品牌企业必须面对现实找到容易产生病灶的

图2-11　根据Interbrand发布的2013年度报告显示，苹果已超过可口可乐，成为当年全球最具价值的品牌

根源并寻求在生命周期规律作用下如何永续发展的"健康长寿"药方。

虽然说任何企业的成长都有着特征鲜明的一个从成长到衰弱的过程、阶段和周期，但是不同企业生命周期的长短却不尽相同，短的2～3年，长的数百年，生命周期在每个企业中的实际表现方式也不尽相同。究其原因主要在于：在实际经营的过程中，企业在每一个或长或短的事业发展阶段都会因为实际的经营背景和状况面临着一个一个经营决策的选择，而这种经营决策的选择决定了企业生命周期的进化方式。正确、及时甚至可以有一定超前预见性的重大决策可以使企业经营得到提升，反之则下滑，企业就是在这种不断的政策抉择中曲折发展。健康长寿的企业总会在那些市场环境的急剧变化中做出及时、正确的判断和反应，并且有着健全的机制和措施保障，始终在品牌运作的过程中因为不断地思考和解决这样的三个问题而得以永续发展：我们品牌的目标受众是谁？我们的品牌能给目标受众带来哪些利益？在提供相同利益的情况下如何让消费者心动并选择我们的品牌？

任何企业的发展停滞除了一些不可抗力因素，一般都不是始于利润的下滑，而是源于观念的保守与停滞以及人性的弱点。在企业生命轮回的观念、组织、效益三个周期结构中，观念是引领性周期指标，组织是前导性周期指标，效益是滞后性周期指标，衰退和落后的企业必然是始于观念的落后，显于组织的落后，而最终终结于效益的落后。观念落后的企业在竞争激烈的市场环境中很快就会发生组织系统的僵化和业务效率的低下，进而带来销售和利润的下滑，恶性循环，最终积重难返，企业的生命周期也就走到了尽头。观念落后企业的员工心态往往也是历经这样的过程：从团结创业心态到成功共喜心态，到官僚享乐心态，到保守自封心态，再到争功分裂心态。这种观念和心态的变化周期自然就带来组织系统的周期性变化，进而引发和带来社会、经济效益的周期性变化。总体而言，都是对应CIS系统的MI理念、BI行为、VI视觉系统方面产生的问题，"空心化"的企业在组织系统不同的发展阶段产生品牌发展问题的根本原因主要包括并体现在以下五个方面。

（1）企业缺乏前瞻的系统管理和战略规划观念，难以展现品牌愿景并保障整个组织系统在"有效控制、保证效率、快速反应、资源共享"的原则下规范运营。

（2）企业在新市场环境下品牌文化建设不足，企业内部非制度化的柔性管理缺失，企业愿景、决策层领导者的价值观与企业员工理想目标的结合不利。

（3）企业内部管理滞后于品牌的长远发展，缺乏系统性、前瞻性的业务流程管理、人力资源开发和管理、信息及决策管理系统以及内部的约束和激励机制等。

（4）企业没有实现从"用眼管理向用心管理"的突变，不能适应企业快速地跨地域和文化的扩张，不了解文化管理系统的作用机制，使得对不能"眼见为实"的业务管理缺失或乏力。

（5）对于最为重要的市场方向的把握、核心产能的聚集，以及通过产品或者服务的消费和体验与特定的消费群体系统化的理念情感、行为交流、视觉展现的沟通不力，未能有效建立起在消费者心里的强烈印象、审美感觉和美好声誉，以致价值流失、形象虚无甚至破败倒地、无可救药。

四、CI诊断总概念报告和品牌升级再发展命题

（一）CI品牌总概念报告的内容

总概念报告是有关CI导入的品牌诊断意见书，也是呈报企业最高领导者决策的品牌战略企划书，是表达CI战略总体规划思想、战略方针与精神理念的纲领性文本文件，需要依据和针对CI企业管理实态调研和企业形象实态调研报告书的具体调研结果，作出正确的战略判断，力求解决问题，改善形象，重新评估企业原有的品牌精神理念，构造新的经营策略和CI总方针，并作为未来CI导入和品牌管理作业的指导方向，进而提出有关CI导入的活动指针和改良建议，指出企业未来应该建构的品牌形象，明确系列化、程序化、具体化的CI作业及管理办法，统称为CI"总概念"。具体内容如下。

1. 稽核问题

对调研过程中发现的企业形象品牌建设方面的问题逐条开列，分析归类，摆明问题，说明原因，制作一份详尽的问题稽核表，发给CI导入的相关人员，听取意见，补充修正。"问题点"往往就是总概念的创意点。

2. 形成创意

针对问题稽核表中提出的有关内容，借助发散思维与聚合思维的交替运用，分析、综合、归纳、演绎，探求CI战略的新概念、新方针，创造性地提出CI总方针、总策略以及各个细分项目的设计创意。解决问题是关键。

3. 设定理念

以MI理念提案人员为主导，与企业主管和员工积极沟通，了解决策层领导者的战略设想，也借此在普通员工中间进行精神理念的汇集、提炼和宣传、普及，在综合企业领导思想和广大员工建议的基础上，充分发挥主观创造力，完成企业理念定位，分别设定企业品牌的存在意义、经营方针和行为准则三大内容，并以最简洁的文字语言进行表征，作为初步的理念提案，写入CI总概念报告。

4. 制定导入策略

企业MI理念设定后，可以根据企业实际，遵循"理念明确、视觉先行、行为跟上"的一般经验，制定具体可行的企业品牌文化建设实施方案，从企业经营的核心问题、市场消费的需求变化和未来走向出发，兼顾规避同行竞争企业品牌的经营策略与形象定位，确定BI行为识别导入的重点目标、方法步骤，确定VI视觉识别设计的调性风格、形象策略。

5. 开发设计要素

根据企业品牌CI导入的工作重点和理念定位、形象特征，特别是通过VI视觉识别的企业名称、产品品牌、商品商标与一系列的基础系统要素、应用系统要素的设计创意，完整、规范地开发设计企业品牌形象识别的有效传达体系系统。

6. 明确传播计划

制定多维度、全媒体整合传播的新设计企业品牌识别系统的对内对外发布计划。最终完成全部CI总概念报告书的撰写，呈交企业的决策层领导者和有关人员审议。

（二）品牌升级再发展命题

针对品牌企业不同的发展阶段和具体的问题特性，需要在CIS品牌顶层策划的决策上设计相对应的管理系统和策略方法，企业的品牌化应该是一个永不停滞的"化"的进程，变革和更新企业观念、约束和克服人性弱点是关键一环，而这也是活化企业组织、破解企业生命周期问题的真正解药。企业品牌的进一步发展，需要我们解答以下三个方面的命题。

1. 我们的现状是什么？

（1）行业态势定位；

（2）资源积累定位；

（3）行业优势与劣势；

（4）企业组织管理体系的建设与发展。

2. 我们的未来是什么？

图2-12　中国移动营业厅形象

图2-13　百度首页

（1）发展意愿；

（2）行业目标；

（3）企业的使命；

（4）企业的愿景。

3. 我们通向未来的路径是什么？

（1）企业竞争战略的选择；

（2）企业核心竞争力的构建；

（3）企业战略的实现方式和途径；

（4）企业组织管理体系的选择和优化。

案例3

××建设企业集团CIS品牌导入总概念报告
（纲要目录）

一、××建设企业集团（以下简称××建设）为什么要导入CIS？

二、××建设实态调查与形象分析

三、××建设导入CIS战略目标

四、××建设导入CIS形象效益

五、××建设导入CIS工程实施范围

六、××建设集团形象、企业形象与品牌形象（图示）

七、××建设集团战略强化竞争优势（图示）

八、××建设集团形象定位与竞争优势提升（图示）

九、××建设CIS三大识别体系应用关系（图示）

十、××建设集团形象战略基本框架（图示）

十一、××建设CIS战略导入规划（图示）

十二、××建设导入CIS的阶段划分

十三、××建设CIS战略导入程序（图示）

十四、××建设MI理念识别共识化

十五、××建设VI视觉识别整合化

十六、××建设BI行为识别规范化

十七、××建设GI（Group Identity）集团形象推广化

十八、××建设集团导入CIS新闻发布、广告计划

十九、××建设导入CIS系统工程培训规划

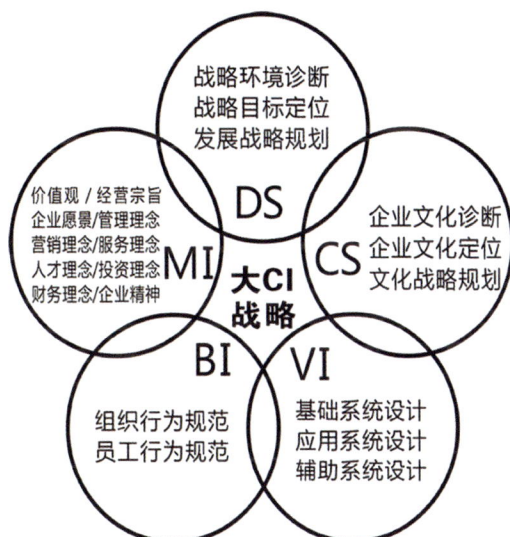

战略环境诊断
战略目标定位
发展战略规划

DS

价值观 / 经营宗旨
企业愿景/管理理念
营销理念/服务理念
人才理念/投资理念
财务理念/企业精神

MI

大CI战略

企业文化诊断
企业文化定位
文化战略规划

CS

BI

VI

组织行为规范
员工行为规范

基础系统设计
应用系统设计
辅助系统设计

案例3　大CI战略（其中的DS是指Development Strategy
发展战略，CS是指Culture Strategy文化战略）

二十、××建设CIS战略执行时间表

二十一、××建设CIS导入工程投资经费

二十二、××建设CIS导入工程规划设计费用说明（A方案）

二十三、××建设CIS导入工程规划设计费用说明（B方案）

附件一：××建设CIS委员会章程

附件二：××建设CIS品牌策划设计委托合同书

××建设CIS品牌策划设计机构：

××××文化传播有限公司××品牌设计工作室

二〇××年五月十八日

（资料来源：www.goodesign.org好设计网）

第三节 ｜ MIS 理念提炼

如前所述，企业品牌的MI理念提炼就是为了构筑起品牌企业文化的核心价值观念体系，制定出品牌企业涉及生产经营方方面面的原则、方针、制度、规划的总体统一价值规范，明确企业使命、经营思想和行为准则，具体表现形式可以为企业的发展愿景、经营信条、精神标语、座右铭和经营策略等。一般认为企业品牌文化理念的提炼是由企业内生的，也就是围绕企业自身进行的，但我们认为，在当今以市场为主导的全球化品牌营销时代，国家或者区域的经济战略转型、产业或者行业环境的急剧变化以及特定消费市场对于品牌的美好期待也是我们进行企业品牌MI理念提炼时需要优先考虑的因素，从而这种精神文化的创造活动应该是内省共生的，可以在与市场的互动发展中培育、提炼、完善和升华。企业品牌的MI理念提炼需要遵循一定的原则，并有具体的可操作性思路和方法。

一、MI理念提炼需要遵循的原则

（一）强调以人为本

企业品牌MI理念是一种精神、一种理想、一种思想观念、一种行为方式，必须以人为载体，在人的内心进行文化意义上的生成和传承，人是第一要素。作为企业品牌文化建构的主导者、参与者，这里的人首先当然是指企业的全体员工，包括高层的决策领导者和中低层的管理者、普通的一线职员等。同时，作为企业品牌文化建构的最终服务和传播对象的消费者也应该成为不可忽视的参与者，这里面有一个"为了谁、依靠谁、我是谁"的身份互认问题，就是在这种互动的文化交流与升华中完成MI理念的提炼，实际上也完成了企业品牌文化的传播、认同和内化。企业品牌文化的建构中要强调关心人、尊重人、理解人和信任人，这样才有利于品牌企业内部团体意识的形成，有共同的价值观念，有一致的奋斗目标，形成向心力，从而成为一个具有战斗力的整体，也有利于在品牌企业外部与目标消费市场关联利益的形成，同样有着共同的价值观念，有一致的理想目标，形成认同感，从而成为一个亲近、忠诚、和谐、共享的利益共同体。

（二）强调表里如一

企业品牌MI理念的提炼属于品牌企业文化领域的意识形态建设范畴，它需要通过企业的外部形态或者员工的行为规范表现出来。为了防止出现表里不一的"两张皮"现象，必须首先从员工的思想观念教育入手，树立正确的价值观念和哲学思

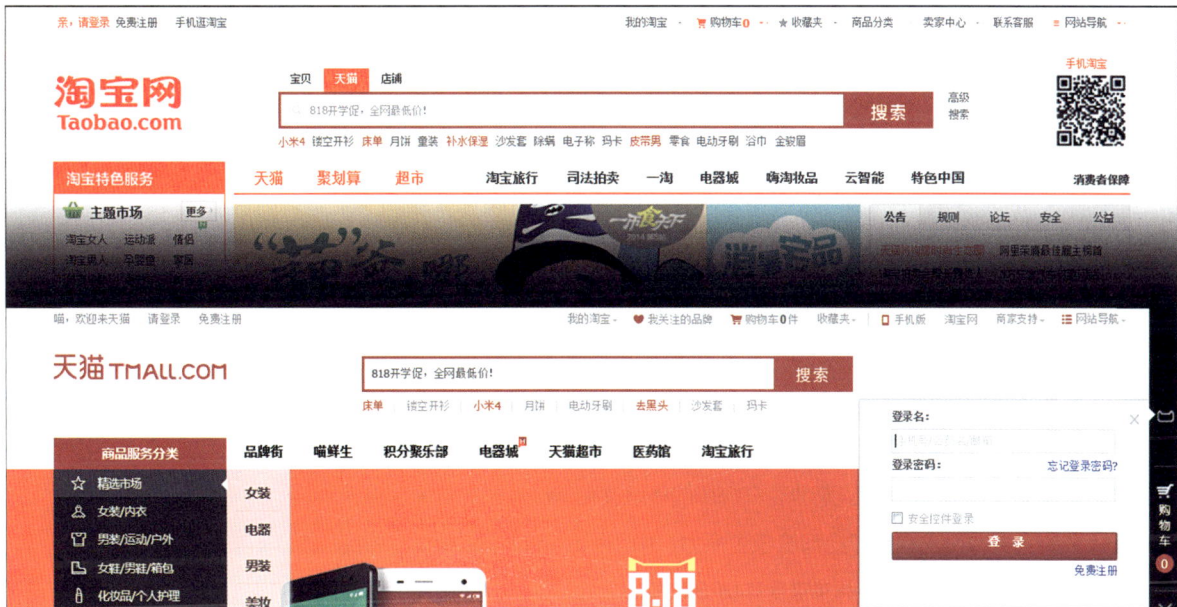

图2-14　淘宝、天猫改变了传统的生产方式，也改变了人们的生活消费方式

想，并在此基础上凝练形成品牌的企业精神和企业形象，杜绝形式主义、言行不一。而且，对于与此关联和有最终话语权的、可能对这种企业品牌的MI理念认知和认同是否"表里如一"进行道德评判的特定消费群体来说，也存在着不尽成熟和较大差异的客观现象，也是需要进行引导和影响的，市场观念就是在这样的教育和开发中不断成熟和突破的。企业品牌可以在通过市场调研把握整体社会价值观念的前提下，通过广告宣传和公关活动等宣示和传播自我认同的美学观念和经营思想，在取得一定程度的市场认同后吸取、融入到企业精神和企业形象的"血液"中去，从而实现理念价值评判标准和评判标准的"表里如一"的一致性。

（三）强调个性差异

企业品牌MI理念提炼必须强调其个性差异才能形成企业文化与众不同的识别特征。这种理念文化本来就是在特定企业自身组织发展的历史过程中形成的，每个品牌企业都应该有着自己的历史传统和经营特点。企业品牌MI理念提炼首先必须与所在行业特征相吻合，与行业特有的文化氛围相契合，也应该充分挖掘品牌企业原有的内在精神和思想灵魂，并赋予其时代特色和独特个性，使之成为推动企业经营持续发展的强大动力，而且，企业品牌MI理念提炼还需要区别于竞争对手，塑造和体现出企业品牌自己的特色和风格。我就是我，我不是你，我们就是我们，我们也不是你们，今天的我或者我们已经不同于过去的我或者我们，这种个性特征、风格差异和时代特点成为我或者我们区别于他人的识别标签，从而才能在未来的企业竞争中独树一帜，形成特色优势。

（四）强调服务经济

企业品牌MI理念提炼其实是将企业作为一个经济组织的营销管理需要转换成以一种柔性管理和文化经营的形式进行表征。所谓"企业经营的实质是文化"，反过来理解就是，企业品牌文化的建构也是为了服务于品牌企业的经营需要和经济活动，最终服务于市场营销，为消费者带来实实在在的利益和价值。这种品牌企业的微观经济组织文化应该具有经济性，要有利于提高企业的生产效率和经济效益，最终目的都是谋求企业经济目标的实现和企业长远的生存发展。

（五）强调文化传承

企业品牌MI理念提炼就是为了找到企业的文化之根、品牌的文化之源，不只是需要挖掘品牌企业的发展历史和精神传承，也需要从中华民族传统文化的资源宝库中去挖掘和提取，弃其糟粕，取其精华，在深厚的传统文化基础上进行增值开发，使其具有更加强大的现实意义和品牌价值生命力。中华民族传统文化思想中的民本、平等、务实等思想观念都是非常宝贵和值得开发的重要资源。在现代品牌企业的经营管理中，通过民本思想的开发利用，可以激发普通员工强烈的主人翁意识，使其自觉地参与企业的民主管理；通过平等思想的开发利用，可以为企业员工提供平等竞争的机会，有利于倡导按劳分配、同工同酬的运行机制；通过务实思想的开发利用，可以要求人们实事求是、谦虚谨慎、戒骄戒躁、奋发向上，进而形成艰苦创业、勇于创新的企业精神。

二、MI理念提炼的思路和方法

企业品牌MI理念提炼最忌脱离企业实际，没有现实针对性和缺乏品牌特色，只有充分了解企业的过去、现在及未来才有可能把握住企业品牌文化核心的发展脉

图2-15　腾讯QQ已经成为很多人每天的一种生活状态

图2-16　海尔——"真诚到永远"

络，从而总结提炼出真正切合企业发展实际的企业品牌文化核心价值理念。MI理念的提炼需要从以下思路入手。

（1）追溯发展历程，认清企业"从哪里来"。首先要追溯企业的发展历程，从中梳理出优秀的历史传承和文化积淀，筛选出助力企业获得成功的关键要素，归纳出企业品牌的优秀文化基因，明辨企业"究竟凭什么走到了现在"。

（2）关注发展现状，搞清企业"现在哪里"。也要立足于企业当前的经营管理现状、整体的思维模式和行为模式，通过全面系统的现状剖析，明了企业"究竟还缺少些什么"。

（3）着眼发展未来，弄清企业"到哪里去"。通过对企业外部经营环境的变化、内部经营策略的调整、外部客户及内部员工对企业的期望、品牌化战略的执行与落实对企业当前的启示与指引等一系列问题的思考，归纳出企业的核心价值驱动要素，明确企业"究竟还需要些什么"。

企业品牌MI理念提炼也有一些具有实际可操作性的方法。

（1）广泛征求意见。企业品牌MI理念文化的确定需要得到全体员工甚至是特定消费群体的认同，绝不能是决策层领导者的一己之见，首先就要广泛征求意见，创造各种机会让全体员工以及消费者代表参与进来，共同探讨和建构品牌企业的理念文化。可以由决策层领导者先制造企业品牌发展的危机感和紧迫感，使企业上下都产生企业文化价值理念变革的需求和动机，并在各个层面征求意见，引起内外部的热切关注与深度参与，形成对原有历史传承和文化积淀的全面认知，去除糟粕，保留精华，进行广泛的活动宣扬，让企业上下、内外都了解并持续关注品牌理念文化产生的过程。

（2）提炼核心理念。发动企业上下、内外都参与反思和内省我们企业品牌文化最为重要和独特的核心价值观念究竟应该是什么，并试图用一句话或者一个词来进行表征。可以采取内部征集或者外部大赛的形式广泛收集创想和民意，寻求明晰的企业品牌文化核心价值理念文学性和艺术化的表达方式。这个阶段更需要品牌企业决策层领导者的全力参与和配合，既便于挖掘高层特别是创业者、企业家自己内心的独特经验、文化修为和人格魅力，也使其有更多机会了解下级员工和消费群体对于企业品牌发展愿景的真心期待，实现双向互动的情感交流、自我完善和精神升华。企业品牌MI理念提炼的过程实际上也是品牌推广、文化传播和获得认同的过程。

（3）扩展理念体系。企业品牌明确了自身的核心价值理念，就可以并需要基于这样的核心价值理念拓展为系统化的品牌企业各个层面的管理思想和方法，通过简练明确、富有感召力的文字表达，建构起一个完整的企业品牌文化核心价值理念体系。比如在海尔，张瑞敏确立了以创新为核心的企业品牌文化价值观，认为"企业是人，文化是魂"，始终以创造用户价值为目标，并由此扩展形成了完整的理念体系：是非观——以用户为是，以自己为非；发展观——创业精神和创新精神；利益观——人单合一双赢；生存理念——永远战战兢兢，永远如履薄冰；机遇理念——"三只眼"，一只眼睛盯住内部管理，一只眼睛盯住市场变化，第三只眼睛盯住国家宏观调控政策；人才理念——人人是人才，赛马不相马；质量理念——有缺陷的产品就是废品；兼并理念——吃休克鱼；研发理念——用户的难题就是我们的难题；服务理念——"真诚到永远"，这也曾经是海尔最为著名的SLOGAN品牌口号（广告语）。海尔融会贯通中国传统文化精髓与西方现代管理思想，通过管理模式和解决方案的破坏性创新，从"日事日毕、日清日高"的OEC（Overall Every Control and Clear，即每天对每人每件事进行全方位的控制和清理）管理模式，到每个人都面向市场的"市场链"管理模式，再到顺应互联网时代的商业模式——人单合一双赢的自主经营体模式，对内，打造节点闭环的动态网状组织，对外，构筑开放的平台，领先全流程用户体验驱动的虚实网融合，让员工在为用户创造价值的过程中实现自身价值；通过搭建机会公平、结果公平的机制平台，推进员工自主经营，让每个人成为自己的CEO（Chief Executive Officer，首席执行官），使得整个理念体系更加丰富而有效。

案例4

华为集团核心价值观与价值主张

华为是全球领先的信息与通信解决方案供应商。我们围绕客户的需求持续创新，与合作伙伴开放合作，在电信网络、企业网络、消费者和云计算等领域构筑了端到端的解决方案优势。我们致力于为电信运营商、企业和消费者等提供有竞争力的 ICT 解决方案和服务，持续提升客户体验，为客户创造最大价值。目前，华为的产品和解决方案已经应用于170多个国家和地区，服务全球1/3的人口。

我们以丰富人们的沟通和生活为愿景，运用信息与通信领域专业经验，消除数字鸿沟，让人人享有宽带。为应对全球气候变化挑战，华为通过领先的绿色解决方案，帮助客户及其他行业降低能源消耗和二氧化碳排放，创造最佳的社会、经济和环境效益。

一、核心价值观

（一）成就客户

为客户服务是华为存在的唯一理由，客户需求是华为发展的原动力。我们坚持以客户为中心，快速响应客户需求，持续为客户创造长期价值进而成就客户。为客户提供有效服务，是我们工作的方向和价值评价的标尺，成就客户就是成就

丰富人们的沟通和生活，提升工作效率

无处不在的宽带	敏捷创新	极致体验
■ 移动化、智能化 ■ 大容量、超宽带 ■ 多样化随时随地接入 ■ 可持续平滑演进	■ 大数据洞察行业商机 ■ 整合资源、高效协同 ■ 创新业务迅捷交付 ■ 业务与商业模式创新	■ 业务体验简单化、个性化 ■ 真实再现、多样化 ■ 零等待、丰富沟通 ■ 体验创造价值

基于客户需求和技术领先持续创新、合作共赢

案例4　华为集团核心价值观

案例4　华为集团价值主张

我们自己。

（二）艰苦奋斗

我们没有任何稀缺的资源可以依赖，唯有艰苦奋斗才能赢得客户的尊重与信赖。奋斗体现在为客户创造价值的任何微小活动中，以及在劳动的准备过程中为充实提高自己而做的努力。我们坚持以奋斗者为本，使奋斗者得到合理的回报。

（三）自我批判

自我批判的目的是不断进步，不断改进，而不是自我否定。只有坚持自我批判，才能倾听、扬弃和持续超越，才能更容易尊重他人和与他人合作，实现客户、公司、团队和个人的共同发展。

（四）开放进取

为了更好地满足客户需求，我们积极进取、勇于开拓，坚持开放与创新。任何先进的技术、产品、解决方案和业务管理，只有转化为商业成功才能产生价值。我们坚持以客户需求为导向，并围绕客户需求持续创新。

（五）至诚守信

我们只有内心坦荡诚恳，才能言出必行，信守承诺。诚信是我们最重要的无形资产，华为坚持以诚信赢得客户。

（六）团队合作

胜则举杯相庆，败则拼死相救。团队合作不仅是跨文化的群体协作精神，也是打破部门墙、提升流程效率的有力保障。

二、我们的价值主张

为适应信息行业正在发生的革命性变化，华为围绕客户需求和技术领先持续创新，与业界伙伴开放合作，聚焦构筑面向未来的信息管道，持续为客户和全社会创造价值。基于这些价值主张，华为致力于丰富人们的沟通和生活，提升工作效率。

与此同时，我们力争成为电信运营商和企业客户的第一选择和最佳合作伙伴，成为深受消费者喜爱的品牌。

（一）无处不在的宽带

互联网使得信息的传播和获取更加便捷，人们将越来越渴望能在任意时间、任意地点使用任何设备连接到网络，尽情体验快速增长的内容和应用，享受移动办公带来的便利。企业IT向数据中心和云服务的迁移，将对网络提出更高的需求。面对即将到来的数字洪水，网络需要变得更宽、覆盖更广、更高效，让更多的人享受到网络带来的好处。

由于人类对网络连接、带宽、可靠性和安全性的需求还远远没有得到满足，因此华为致力于帮助运营商提升网络容量，优化网络管理，实现互联网化运营；在新架构（SoftCOM）、Single平台和新技术等方面持续创新，向客户提供技术领先、平滑演进的产品和解决方案，帮助客户建设高效的基础网络，提供面向用户On-Demand的服务，使人们更加自由地享受到无处不在的宽带。

（二）敏捷创新

展望未来，ICT仍处于快速发展阶段，移动性、云计算、大数据和社区化等新趋势正在引领行业开创新的格局；世界正在发生深刻的数字化变革，互联网正在促进传统产业的升级和重构。

各行各业需要快速洞察商机，并借助IT不断提升组织协同，更快更好地将新产品、新业务推向市场。IT正在从支撑系统转变为生产系统，成为企业的核心竞争力。

华为提供基于云计算的数据中心基础设施解决方案，帮助客户提升存储、计算资源的使用效率，实现业务系统的快速部署、精简运维和高效管理；提供移动办公等解决方案，帮助客户提升工作效率；提供基于大数据的智能数据分析系统，帮助客户洞察商机，实现敏捷的商业创新。

未来30年是企业逐渐拆除自有数据中心，向公有云迁移的30年。华为将协助运营商建设公共云，抓住企业ICT云服务的巨大机会。

（三）极致体验

好的用户体验是商业成功的基础。除了产品自身的体验，以云为基础的服务体验也越来越重要。未来智能终端的体验将不断丰富和加强人类情感的识别以及对外部环境的感知，其中穿戴式智能设备正成为大家关注的重点。

华为的目标是提供业界领先的终端产品，通过关键技术创新（如情景智能、语音交互、新型材料等）、工业设计创新和云服务创新，全方位提升用户体验。

（资料来源：www.huawei.com华为官网）

行胜于言，文化理念落地才能生根，才能长成枝繁叶茂、硕果累累的品牌之树，企业品牌MI理念体系既是在企业品牌化的实践活动中才能生成和提炼，也需要通过长期的企业品牌文化"嵌入式"的BI行为规范推行实施才能真正落到实处，通过各种制度安排和组织建设，搭建员工事业平台，实现理性改良，通过激动人心的各种创建活动，营造浓厚的文化氛围，实现感性突破，二者缺一不可。企业文化的BI行为规范就是在企业品牌MI理念的指导下而逐渐培育起来的并以贯彻和实现MI理念为目的的一系列活动和措施，是企业品牌形象的动态识别，也是一项严密的、科学的、艺术化的系统工程。

一、BI行为规范指导思想方针

美国人本主义心理学家亚伯拉罕·马斯洛（Abraham Harold Maslow）的需要层次理论认为，作为个体的人拥有生理、安全、归属与爱、自尊和自我实现五个层次的需要，人类行为由上述五个层次的需要所驱动，而这些需要又是分层次、由低级到高级发展并依次提高的。其中自我实现的需要是最具超越性的，创造美和欣赏美的真、善、美追求，将最终导向完美人格的塑造，审美活动最高境界的高峰体验代表了人的这种最佳状态。企业品牌BI行为规范的实施实践需要基于这样的理论认知，通过不同层次、不同方面的对内和对外活动充分激发和发挥作为市场主体的品牌企业全体员工的能动意识和创造潜力，在对企业品牌MI理念从服从到认同最后达到内化的过程中，唤起员工对于自己生活和工作意义以及社会责任的深思，提升对于自己事业的信念和追求，从而规范并养成全体员工的行为准则和行动自觉，构建符合品牌营销时代需要、符合现代企业制度建设需要、符合企业个性化识别需要的企业管理行为规范的文化体系，为增强品牌企业核心竞争能力，提高企业经济和社会双重效益，创造良好的文化氛围，提供强大的精神动力。考虑到需要符合中国式企业品牌文化建设的实际和现代企业制度建设的进程要求，企业品牌文化BI行为规范的推进需要明确下列指导思想方针。

（一）以人为本，塑造精干高效的队伍形象，弘扬企业精神文化

主要是把握企业文化是"人的文化"实质，通过全员性的企业文化"审计"，挖掘企业精神内涵，以提高人的素质为根本，树立共同理想，规范行为习惯，凝练形成各级管理领导者引领全体员工共同遵守的企业价值观和企业理念，塑造企业品

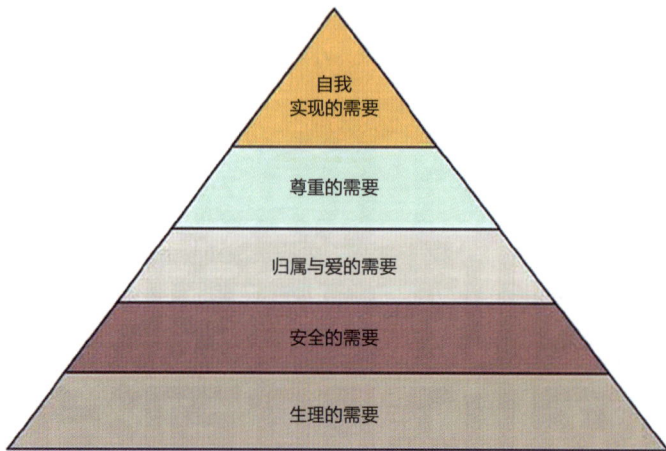

图2-17　马斯洛的需要层次理论

牌的"灵魂"。

（二）目标激励，塑造严明和谐的管理形象，规范企业制度文化

主要是建立规范完善的目标管理制度体系和科学有效的过程绩效考评机制，加大对内的组织管理、员工教育、生产经营、分配福利和对外的市场调查、产品研发、营销活动、公共关系等制度文化建设力度，使之导入科学化管理的轨道，强化纪律约束机制，完善职业道德准则，有效规范企业管理行为，切实提高企业管理水平。

（三）寓教于文，塑造优美整洁的环境形象，推进企业行为文化

主要是强化措施，做到绿化、净化、美化并举，大力推进整理（Sort）、整顿（Straighten）、清扫（Sweep）、清洁（Sanitary）、素养（Sentiment）、节约（Save）和安全（Safety）的"7S"行为管理标准，抓好员工的行为养成规范，倡导优良作风；开展各种文体活动，做到大型活动制度化、小型活动经常化，丰富员工文化生活，强化视觉效应。

（四）内外并举，塑造品质超群的产品形象，提升企业物质文化

主要是坚持产品形象与企业形象的塑造相统一，通过技术创新和吸取群众性合理化建议，使之具备独特的技术特色和产品特色。制定《CIS企业品牌BI行为识别手册物质文化建设标准》，做好环境刷新和VI视觉识别系统开发应用工作，运用物质化、视觉态的形象建设手段，营造企业整体文化氛围，提升企业整体视觉形象。

二、BI行为规范的目标和实现

（一）规划BI行为规范实施目标

1. 制定企业品牌文化建设战略规划远期目标

有计划、有步骤、由浅入深、由表及里地建立起一套基础化、程序化、科学化、规范化的企业品牌文化建设系统。在"继承""学习""创新"思想的指导下，从物质文化、行为文化、制度文化、精神文化四个方面整体推进、系统运作，构建一个切合实际的、科学合理的、便于操作的企业文化建设规划体系，并将其纳入企业整体品牌化战略规划。

2. 制定企业品牌文化建设三或五年发展纲要中期目标，并明确其重点工作

企业品牌文化建设三或五年发展纲要中期目标如下。

（1）具有企业品牌特色的MI理念（企业哲学、企业精神、企业价值观、企业经营道德规范等）深入人心，企业员工对企业MI理念达到熟知、熟记的程度，并在具体行动中自觉实践。

图2-18　中国人寿营业厅形象

（2）系统地整合与完善企业品牌核心价值理念指导下的企业文化建设支撑体系，坚持以企业品牌的核心理念为企业一切行动的出发点、着眼点和落脚点，形成以企业品牌核心理念为主线的系统管理体系。

（3）构建完成学习型组织的体系，阶段性成果明显。企业形成规范的学习制度并自觉实践，结合自身实际借鉴和应用先进的管理思想、管理理论和管理模式，引进、消化和吸收国际国内先进科学技术，提高企业全体员工尤其是各级领导干部的综合素质。

（4）企业品牌的知名度、信誉度和美誉度进一步提升，企业品牌标识和形象在企业集团内部和产业同行内部认知程度达到100%；企业用户的认知程度达到100%。

（5）员工对企业品牌的企业形象标准、管理者形象标准、员工形象标准等能够做到熟知，自觉遵守行为规范程度达到100%。

（6）企业MI理念识别系统、BI行为识别系统、VI视觉识别系统达到规范化、程序化和个性化。

（7）打造企业品牌文化管理运行机制，形成强势企业品牌文化，建成全国或区域性企业品牌文化建设示范基地。

企业品牌文化建设三或五年发展重点工作如下。

（1）设计形成完整的《CIS企业品牌MI理念识别手册》、《CIS企业品牌VI视觉识别手册》，归纳提炼形成企业品牌的精神文化内涵。

（2）完成企业品牌VI视觉识别系统的规范工作，企业员工行为的规范工作初见成效。

（3）企业品牌核心价值理念在企业内部的认知和认同程度达到90%以上，学习型组织成熟运作。

（4）整合并完善企业品牌文化支撑体系，形成比较成熟的企业文化管理体系。

（5）进一步提升企业品牌知名度和美誉度，塑造企业品牌良好形象，建成全国或区域性企业品牌文化建设示范基地。

3．制定企业品牌文化建设近期目标，开展三个主题年活动

（1）开展"企业品牌文化推进年"活动，加强企业品牌文化建设的起步和推

图2-19　航空公司空姐形象

进。突出企业核心价值观的塑造，统一和规范以企业精神为核心的MI理念识别系统、以企业标识为核心的VI视觉识别系统、以员工形象为核心的BI行为识别系统，全面导入CIS。在精神文化、行为文化、物质文化三个方面实现新突破，构建时代特色浓、个性特色强、符合企业实际、适应现代企业制度要求的特色文化体系，形成强势企业文化，锻造企业竞争优势，塑造良好企业形象，促进企业持续发展。

（2）开展"企业品牌文化发展年"活动，促进企业品牌文化建设的提高。通过制度文化的突破打造文化管理企业运行机制，让企业文化从感性文化向理性文化延伸，从无形文化向有形资源延伸，从管理文化向文化管理延伸，不断提升企业的执行力、竞争力、凝聚力和形象力。

（3）开展"企业品牌文化创新年"活动，提升企业品牌文化建设的发展和创新。完成企业CIS的视觉识别系统、行为识别系统、理念识别系统的进一步规范工作，全面优化企业形象、产品形象和员工队伍形象。突出管理文化、安全文化，争创"爱岗敬业"标兵，做强做大企业，全力打造企业竞争新优势，实现企业管理效能的不断增强和经济效益的不断提高。

（二）实现BI行为规范实施目标

企业品牌BI行为规范的实施需要按照培训、普及、形象、规范、深化五个步骤，最大程度地调动企业内外集体的智慧和能量，产生"聚能效应"，形成特色鲜明的企业文化，使品牌企业文化氛围日益浓郁，企业形象不断提升，实现成功的跨越式发展。

1. 物质文化

是企业品牌文化的显形文化，是指企业生产、经营和文化娱乐等方面的环境、条件、设施等物质要素的总和，较为直观地表现出一个企业的文化氛围、精神风貌和管理水平。提升物质文化主要是指：制定《CIS企业品牌BI行为识别手册物质文化建设标准》，完成VI视觉形象系统的导入，并按照VI整体设计的基本系统和应用系统标准，统一企业品牌标志、色彩、旗帜、徽章、歌曲等多种企业标识物；规范企业建筑风格、建筑色调，规范企业及各部门之间的简称，规范企业车体外表，规范办公设备、办公器具，设计并规范员工着装款式及色调，统一企业宣传标、广告牌的装置规格和设置区位；崇尚工作环境、生产环境和生活环境的美化、净化和现代化，建立和推行《企业品牌安全生产现场管理办法》和《企业品牌环境建设标准》；在企业广场、生产车间、办公楼、会议室等处制作企业品牌MI理念的牌匾、图板、灯箱等，使企业理念深入人心，增强企业文化的感染力；做好企业和产品的广告宣传，打造企业品牌，扩大企业的知名度和美誉度；做好广场、公园、俱乐部以及报纸、电视、图书活动室等文化载体和阵地建设，形成浓厚的企业品牌文化建设氛围。

2. 行为文化

是企业品牌文化的主体，是企业员工在生产经营和人际关系中产生的活动文化。它主要包括两大类，一类是关于企业生产经营方面的服务活动，另一类是关于企业内部人与人之间的行为活动。推进行为文化主要是指：规范礼仪、仪式、会议、公司活动的规格和标准；做好员工的行为养成规范，参照德、美、日等国企业员工行为养成的要素，结合本行业和企业的特点，确定并推广员工行为养成的"7S"管理标准；强化对员工的职业化文化培训和技能训练，使其文明程度和职业素养普遍提高；建立并完善《企业品牌员工行为规范》，并抓好推进和落实；提炼和倡导优良的"企业作风"；选树和宣传优秀的集体和个人典型，通过典型反映企业的文化品位，树立企业和员工的良好形象；深入开展"职业道德、社会公德、家庭美德"教育，形成员工"三德"标准和良好行为。

3. 制度文化

是企业管理的科学化、规范化，并影响着企业行为，处延到企业品牌的外显文化中去。规范制度文化主要是指：在研究制定企业发展方向和目标，加强企业管理的过程中，主动导入企业品牌文化的概念，"以人为本"的管理思想得到充分体现和落实；牢固树立企业品牌文化建设就是加强企业管理的意识，使其融会贯通，密不可分；进一步改革和完善企业的劳动制度、人事制度、分配制度、绩效考核等各项管理制度，使企业管理制度符合现代企业管理制度要求，并且日益与国际管理接轨；进行专业化扁平化管理流程再造，使管理工作走上制度化、程序化、规范化运作轨道；干部员工自我管理意识和能力进一步增强；按照质量、安全、职业健康管理体系贯标及认证标准，修改和完善企业的各种管理制度和工作程序，并认真抓好落实；建立有效的企业品牌文化建设考评机制；结合企业改革实际，继续完善、推行《企业品牌员工岗位规范》；形成在"以人为本"原则指导下，以法治企、特色鲜明的"企业管理文化"。

4. 精神文化

主要包括对企业精神、企业价值观、企业哲学、企业管理信念、企业用人之道以及企业内部的主题标语口号和企业对外宣传广告用语的确定和宣传贯彻落实，使之成为规范企业和员工行为的信念和准则。完成全员性企业文化参与，挖掘形成企业品牌精神内涵，总结提炼企业品牌价值观和经营理念、管理理念、人才理念等，规范精神文化用语，完成《CIS企业品牌MI理念识别手册》的编辑出版；在一个较长时间内通过宣传教育，倡导企业精神和企业价值观，并为全体员工所认同，企业向心力、凝聚力进一步增强，建设一支高素质的适应时代要求的有理想、有道德、有纪律、有文化的"四有"员工队伍，为企业发展注入显著的文化动力。

三、BI行为规范的实施方法和步骤

（一）BI行为规范的实施方法

（1）坚持总体上抓体系，推进中按步骤，实施中做到精炼、实用、有效，配合企业品牌文化发展战略的整体实施向前推进。

（2）抓好企业品牌文化知识的培训。企业品牌文化建设作为管理科学的新潮，实施开始一般还不能为全体企业员工所认识和接受，有的甚至存在认识模糊和随意糊弄的情况，要组织编写有关"宣传提纲""知识讲座"类的宣传材料，利用网络、手机、报纸、电视以及举办讲座、培训班等方式进行宣传和培训。采取培训骨干和自学相结合的原则，使全体企业干部员工普遍掌握企业品牌文化的基本知识和基本理论。

（3）建立健全企业品牌文化建设领导体制。成立相应的企业品牌文化建设领导机构，明确负责人、主管部门及相关工作人员。企业文化的领导体制要与现代企业制度和法人治理结构相结合，发挥好董事会在企业品牌文化建设中的决策作用，行政部门要加强对企业品牌文化建设的领导，形成企业品牌文化主管部门负责实施、各职能部门分工落实的工作体系。强有力的组织机构可为企业品牌文化建设的系统性运作提供组织保障，也为企业品牌文化建设扎实有效地稳步推进奠定基础。

（4）确立企业决策层领导者同为企业品牌文化建设第一责任人，共同负责企业品牌文化建设的规划、设计和组织。遵循以人为本，实现管人、管物、管事一体文化建设的格局；加强对企业品牌文化建设重要意义的宣传教育，形成企业共识，变成全体员工的自觉行动。

（5）健全制度，完善机制，形成闭环管理。企业文化部（宣传部）、办公室、企业管理部、工会等部门要把企业品牌文化建设内容与企业规划、年度计划合并编制，重点列出制度文化建设的管理标准、工作标准、考核标准，并列入年度经营承包责任制，明确企业品牌文化建设各项内容的责任部门和责任人，制定年度工作计划，使企业品牌文化建设与企业经营管理工作一样也纳入日常管理工作之中，要建立企业品牌文化建设的考核评价和激励机制，把企业品牌文化建设纳入企业经营者业绩考核体系，定期对企业品牌文化建设的成效进行考评和奖惩，考核结果与企业经济责任制挂钩。

（6）企业品牌文化建设实施方案出台后，需要提交全体员工代表大会讨论通过，用企业制度、管理办法的形式予以确认。

（二）BI行为规范的推进步骤

1. 进行全员性企业品牌文化审计活动

对企业品牌的文化历史与现实进行全面回顾和提炼，进行企业品牌无形资产的全面总结，广泛宣传，全面发动，从不同角度对文化进行定格分析，得出结论，以

图2-20 天润安鼎企业年会

图2-21 各种公益慈善活动

图2-22　品牌战略合作新闻发布会

图2-23　品牌推广路演活动

此进行企业品牌文化的民主建设。注意做好两个方面的工作：一是充分发挥全体员工的智慧，启发企业文化建设的灵感，特别是在设计企业品牌文化CIS"三大识别系统"时，要采取自上而下与自下而上相结合的方法，通过发放问卷调查、开座谈会、报告会、研讨会和开辟网上论坛、主题征文等形式，引导员工集思广益、献计献策，为设计形成企业"三大识别系统"奠定坚实基础。二是通过总结，进行企业品牌文化创建的进一步宣传、灌输、教育活动。在具体方法上，首先要让全体员工了解企业品牌文化审计、无形资产定格的重大意义；其次可以利用征文、回忆文章、演讲比赛等形式收集"企业品牌文化发展之我见"。

（1）征文征言活动。谈"从我身边的人与事看企业品牌的文化特征"等。

（2）老员工回忆录像的宣传教育。老员工通过实例回忆谈企业作风、传统以及文化特征等，并选择若干位老员工的回忆录像在企业网站、电视媒体等进行宣传播放。

（3）组织中青年员工演讲比赛。通过剖析、挖掘和生动描述身边的典型事件，形成"企业品牌文化发展之我见"。

（4）进行企业历史文化论证答辩活动。发动企业各单位广泛参与，每个单位和部门推荐不少于2人参加，组成若干个代表队进行答辩论证并评选优胜者。

2. 归纳提炼形成企业品牌精神文化内涵

根据相关企业品牌文化建设的指导思想方针及企业实际，由企业文化宣传部门牵头，各有关部门配合，组织《企业品牌文化审计活动方案》的实施，对形成的精神理念文化的相关内容进行全面讨论，重点讨论MI企业哲学、核心价值观、企业精神、经营管理理念等。在讨论的基础上再推出修正方案，征求意见，继续归纳提炼，完善充实精神文化内涵，从框架结构到具体内容向全体员工公布。

3. 企业品牌文化的宣传

要广泛进行动员，利用各种形式，针对不同层次对象进行内外宣传，由企业文化部门牵头，各单位积极配合，通过举办培训班、召开企业文化研讨会、经验交流会等形式对企业广大员工特别是各级领导干部进行企业理念、行为规范及视觉识别的培训。通过新闻发布会、大型活动、媒体广告宣传、社会公益性公关策划等方式，大力展现企业形象和适时推广品牌文化。

4. 企业品牌文化的维护

企业品牌文化建设是企业一项重要的、长期的战略任务，要坚持不懈、持之以恒地切实抓出成效。制定活动计划要切实可行，既不能好高骛远，也不能敷衍了事。制定的工作计划要严格落实，企业主要领导要及时监督检查，职能部门也要对开展活动情况及时进行评估和指导，分阶段抓好总结评比工作。此外，企业品牌文化的具体内容，需要随着内外环境的变化及时进行必要的调整，不断地发展和完善，做到与时俱进，唯实求真，开拓创新。

企业"7S"行为管理标准

所谓的"7S"就是整理（Sort）、整顿（Straighten）、清扫（Sweep）、清洁（Sanitary）、素养（Sentiment）、节约（Save）和安全（Safety）七个项目，因均以"S"开头，故简称"7S"。"7S"起源于日本，指的是在生产现场中对人员、机器、材料、方法等生产要素进行有效管理，它针对企业中每位员工的日常行为方面提出具体要求，倡导从小事做起，力求使每位员工都养成事事"讲究"的习惯，从而达到提高整体工作质量的目的，是日式企业独特的一种管理方法。1955年，日本企业首推"5S"员工行为管理标准，宣传口号为"安全始于整理整顿，终于整理整顿"，当时只推行了前2S，其目的仅为了确保作业空间和安全，后因生产控制和品质控制的需要，逐步提出了后续的3S，即"清扫、清洁、素养"，从而其应用空间及适用范围进一步拓展。1986年，首本"5S"著作问世，从而对整个日本现场管理模式起到了冲击作用，并由此掀起"5S"热潮。日企将"5S"活动作为工厂管理的基础，推行各种品质管理手法，二战后产品品质得以迅猛提升，奠定了经济大国的地位。后来在丰田公司的倡导推行下，"5S"对于提升企业形象、安全生产、标准化的推进、创造令人心怡的工作场所等方面的巨大作用逐渐被各国管理界所认识。中国企业在"5S"现场管理的基础上，结合国家的安全生产活动，在原来"5S"基础上逐步增加了安全（safety）和节约（Save）的要素，形成了"7S"行为管理标准。其具体含义和实施重点如下。

一、整理

整理就是彻底地将要与不要的东西区分清楚，并将不要的东西加以处理，它是改善生产现场的第一步。需对"留之无用，弃之可惜"的观念予以突破，必须挑战"好不容易才做出来的""丢了好浪费""可能以后还有机会用到"等传统观念。经常对"所有的东西都是要用的"观念加以检讨。

整理的目的是：改善和增加作业面积；现场无杂物，行道通畅，提高工作效率；消除管理上的混放、混料等差错事故；有利于减少库存，节约资金。

二、整顿

整顿就是把经过整理出来的需要的人、事、物加以定量、定位，简而言之，整顿就是人和物放置方法的标准化。整顿的关键是要做到定位、定品、定量。

抓住了上述几个要点，就可以制作看板，做到目视管理，从而提炼出适合本企业的东西放置方法，进而使该方法标准化。

三、清扫

清扫就是彻底地将自己的工作环境四周打扫干净，设备异常时马上维修，使之恢复正常。

清扫活动的重点是必须按照决定清扫对象、清扫人员、清扫方法、准备清扫器具、实施清扫的步骤实施，方能真正起到作用。

清扫活动应遵循下列原则。

（1）自己使用的物品如设备、工具等，要自己清扫而不要依赖他人，不增加专门的清扫工。

（2）对设备的清扫，着眼于对设备的维护保养，清扫设备要同设备的点检和保养结合起来。

（3）清扫的目的是为了改善，当清扫过程中发现有油水泄露等异常状况发生时，必须查明原因，并采取措施加以改进，而不能听之任之。

四、清洁

清洁是指对整理、整顿、清扫之后的工作成果要认真维护，使现场保持完美和最佳状态。清洁，是对前三项活动的坚持和深入。清洁活动实施时，需要秉持以下三观念。

（1）只有在"清洁的工作场所才能产生高效率，高品质的产品"。

（2）清洁是一种用心的行为，千万不要在表面下功夫。

（3）清洁是一种随时随地的工作，而不是上下班前后的工作。

清洁的要点原则是：坚持"三不要"的原则——即不要放置不用的东西，不要弄乱，不要弄脏；不仅物品需要清洁，现场工人同样需要清洁；工人不仅要做到形体上的清洁，而且要做到精神的清洁。

五、素养

要努力提高人员的素养，养成严格遵守规章制度的习惯和作风，素养是"7S"活动的核心，没有人员素质的提高，各项活动就不能顺利开展，就是开展了也坚持不了。

六、安全

安全就是要维护人身与财产不受侵害，以创造一个零故障、无意外事故发生的工作场所。实施的要点是：不要因小失大，应建立健全各项安全管理制度；对操作人员的操作技能进行训练；"勿以善小而不为，勿以恶小而为之"，全员参与，排除隐患，重视预防。

七、节约

节约就是对时间、空间、能源等方面合理利用，以发挥他们的最大效能，从而创造一个高效率的、物尽其用的工作场所。

实施时应该秉持三个观念：能用的东西尽可能利用；以自己就是主人的心态对待企业的资源；切勿随意丢弃，丢弃前要思考其剩余的使用价值。

节约是对整理工作的补充和指导，在企业中应秉持勤俭节约的原则。

（资料来源：www.9starcity.com星城网）

CIS

第三章｜VIS品牌设计

第一节 | VIS 品牌视觉设计的定位原则、操作流程和创意思维方法

　　企业品牌VI视觉设计以标志图形、标准字体、标准色彩为核心展开完整、系统的视觉表达体系，是MI理念的精神、思想、经营方针、价值观念和文化特征等主体性非可视内容的视觉化、形象化、符号化、系统化的静态转化，贯穿在企业经营的BI行为之中，以严谨规范的基本组合、丰富多样的应用形式进行广泛传播，快速便捷地助推品牌成长，直接有效地累积品牌资产。

一、VI品牌视觉设计的定位原则

　　企业品牌VI视觉设计的定位实际上就是要寻找其不同地域、不同文化、不同产业、不同品类或者服务之间的共同性和差异性，发现其与众不同的经营特色和吸引眼球的个性化特征，并始终以MI理念识别系统为指导，以丰富而深厚的精神文化内涵为支撑，结合与时俱进的审美价值取向，提取创意关键词，找到设计切入点，确定一个视觉设计的基本调性和整体风格。成功的品牌VI视觉识别设计，都是立足于

图3-1 "相信品牌的力量"央视广告招标会

自己的独特优势，以MI理念内涵的生动表述多角度、全方位地服务于品牌营销并满足特定的消费群体需求，在同行同业的品牌形象中尽显个性魅力，应以下列基本原则创意展开。

（1）风格统一原则：追求品牌MI理念的主题思想和VI视觉的表现形式完美的一致性，给人以美好的直观感受。

（2）强化视觉冲击的原则：个性化的、与众不同的、极富艺术感染力的表达方式是视觉表现的必要选择，使其具有更为强烈的视觉冲击力，才能使品牌独具风采，脱颖而出。

（3）强调人性化的原则：品牌即人，以人为本，注重以情感人，以形动人。

（4）增强民族文化个性与尊重不同民族、地域和国家风俗、禁忌的原则。

（5）可实施性原则：需要考虑品牌视觉传播实施的适用性，避免因为过于麻烦或成本昂贵而难以落实，成为空中楼阁、纸上谈兵。

（6）符合美学规律的原则：一般形式美法则包括变化与统一、对称与均衡、节奏与韵律、调和与对比、比例与尺度以及色彩的联想与抽象的情感等。VI视觉的美就是和谐有序、对比鲜明。

（7）规范管理的原则：VI视觉系统的实施要避免随意性，严格按照企业品牌VI视觉设计手册的规定执行，保证不变形、不走样。

二、VI品牌视觉设计的操作流程

1. 调研准备阶段

成立VI品牌视觉设计小组，了解企业品牌的目标消费群体审美偏好、行业与品类特性、企业文化与理念；理解把握MI理念内涵，搜集企业、产品以及竞争品牌的相关资料，进行比较分析，确定贯穿VI设计的基本调性和整体风格；明确VI设计的战略方向、开发目标、设计要点和具体内容。

2. 设计开发阶段

就是基本要素、应用要素的设计。基本要素的设计中最为关键的工作是企业品牌标志图形LOGO符号的创意设计，它与标准字体、标准色彩共同构成视觉系统的核心，需要创想、构思和拟定标志要素的概念与草图，挑选代表性的方案进行整合优化，完成从概念到图形的视觉转化和造型呈现。形象生动的企业品牌吉祥物和极具品牌特色的辅助象征图形的设计也是不可忽略的重要内容。应用要素的设计是对基本要素系统在各种媒体上的应用所做出的具体而明确的规定，因企业规模、产品内容和传播形式的不同而有不同的组合、运用形式。

3. 测试反馈和修正定型阶段

包括企业品牌标志图形LOGO符号、标准字体、形象色彩、辅助象征图形、吉

图3-2 品牌视觉设计方案研讨

祥物造型等基本要素的设计以及各类应用要素、项目的设计都需要在设计的过程中对外界主要关系者、内部员工等进行提案测试、意见反馈和优化修正、方案定型，进行精致化作业，其在商标法保护和著作权登记层面的查询和注册工作也应包含其中。

4. 测试、打样、编制、印刷，完成全套的VIS手册设计、制作工作

将之前已经完成的各项设计内容按照规范化、系统化的VIS手册设计、制作要求进行页面编排、印刷成册，其中的印刷测试、彩印打样往往是不可缺少的重要环节，以确保最终印制完成的VIS手册完整、准确地反映和传达品牌设计的总体思想和细节表现。

三、VI品牌视觉设计的创意思维方法

（一）借鉴设计创意法

创意源于生活，如何将抽象的理念概念转化为可视的视觉形态，我们当然可以从生活中的事物找到合适的借鉴形式，一花一草、一叶一沙，山水天地、日月星辰，大自然是最好的设计师。我们还可以从更多的艺术作品、同行案例中吸取营养，获得灵感，那里凝结了更多的生活经验、人类情感，而且也饱含了智慧的创造、创意的阅历，可以从其中的一个点，或者一个表现出发，借鉴其成功之处，拓宽创意思路，并结合项目现状，做出优良的设计创意。借鉴设计创意法适用于短平快但又有一定细节要求的项目设计。

（二）思维导图创意法

思维导图首先是一种发散性的创意模式，以创意主题关键词为原点，把我们所

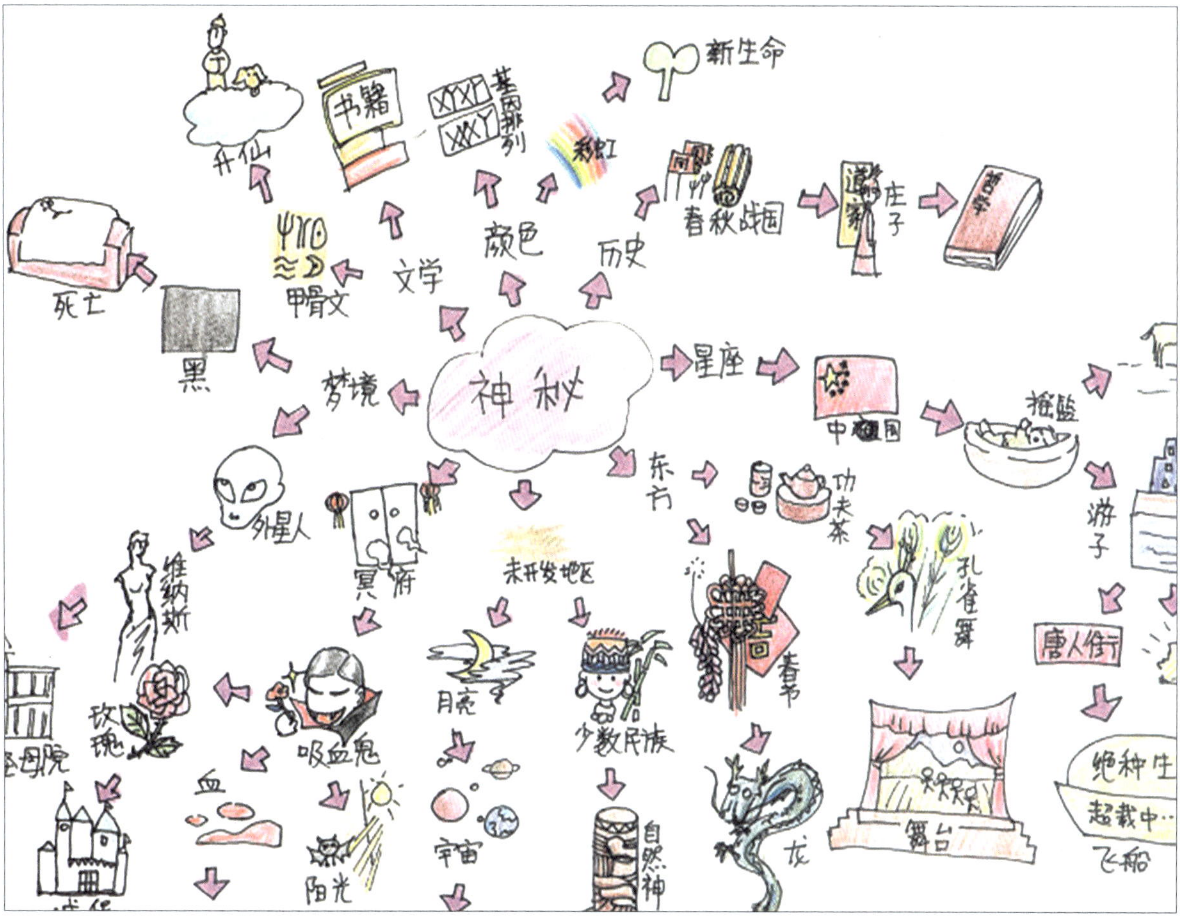

图3-3 思维导图创意法

图3-4 头脑风暴会议

有认知的、与主题思想相关的元素都进行关联联想、延展细分，作360度的创想拓展，然后再将思维跳出来，把产生的创造性想法进行反向的聚合性优化，从而激发出我们创意的火花。这种创意法被认为是一种最自然的创意思维，当设计项目对创意表达有较高的要求时，它是一个既简单有效又具有美感的创意工具。思维导图创意法适用于要求有较好的视觉表现力，有思想深度、延展度的项目设计。

（三）情景（情感）映射创意法

生活中的每个人都会因为不同的成长历程被赋予不同的阅历、性格、想法与观念，形成我们自己独一无二的想象力、理解力和判断力，当我们在面对同一件事物时，会做出不同的情感反映，情景映射创意法就是在项目设计的过程中，把我们所要创意表达的抽象化的主题概念丰富化、立体化，使其逐步从低级抽象向高级抽象演变，形成不同的视觉风格、不同的创意想法，从而获得满意的创意表达。情景映射创意法要求对一个创意想法进行纵向的深入发掘，忌横向的思维发散，适用于短平快但又对情感有一定诉求的项目设计。

（四）头脑风暴创意法

头脑风暴法是一种通过组织无限制的自由联想和集体讨论，产生创新观念或激发创新设想的决策性研讨过程及创意方法。头脑风暴方法要求会议的主持人具备一定的专业知识与组织能力，集思广益，众志成城，适用于对整体创意有较高要求的项目，如大中型项目的创意起始阶段，是可行性很高的优秀创意方法之一。其实施要求如下。

（1）确定头脑风暴主题。

（2）确定主持人，负责主持头脑风暴创意会议，对各种创意想法进行记录。

（3）头脑风暴与会人员积极对主题进行创意发言，避免出现争执及重复创意（不能重复但可引申）。

（4）集合所有创意方案，再进行循环深化的头脑风暴。

（5）最终探讨并选出可行性最佳的创意方案。

（五）逆向思维创意法

逆向思维创意法是一种突破受阅历与教育的影响而产生的固有的思维认识和定势，反其道而行，从而激发出与众不同的、另类的、超越平常的概念的创意方法。逆向思维首先不考虑我们能做出什么样的创意，而是思考在同样的创意条件下，我们包括别人也觉得应该做不到的创意、表现不了的效果，然后逆向考虑如何实现这种创意，表现这种效果，那就将是我们区别于他人的最大差异和最大创意。

第二节 | VIS 基础系统设计

企业品牌VI视觉设计一般包括基础部分和应用部分两大内容。其中，基础部分一般包括企业的品牌名称、标志图形LOGO符号、标准字体、标准色彩、辅助象征图形、吉祥物造型、印刷字体、标语口号和基本视觉要素编排模式与禁用组合规则等设计，从根本上规范了企业的视觉基本要素，是企业品牌视觉形象的核心部分。

一、企业品牌名称设计

企业品牌名称是与企业品牌形象建设有着紧密联系的首要识别要素，是CIS品牌设计展开的前提条件，是采用文字形式来表现的企业品牌文化符号。企业品牌名称的确定，必须要有思想性，能够反映出企业的经营思想，体现企业核心价值理念；要有独特性，发音响亮并易识易记易读，注意谐音的含义，也要注意与经营品类组合之后的效果，以避免引起不佳的联想。企业品牌名称的文字要简洁明了，同时还要注意国际性，适应不同语言的发音，以避免外语中的错误和禁忌联想，尽量

图3-5 狗窝饭店等店招名称

不使用汉语拼音。表现或暗示企业品牌形象及商品品类的企业品牌名称，应与品牌商标，尤其是与其代表性的核心主品牌相一致，也可考虑把在市场上已经取得较高知名度的商品品牌名称升级作为企业品牌名称。企业品牌名称的确定不仅要考虑传统文化性，也要具有时代性的特色，包括网络世界网站域名的注册与保护。

二、企业品牌标志图形设计

企业品牌标志图形的LOGO符号是特定企业品牌的象征和识别符号，是品牌VIS视觉形象设计系统的核心之核心，通过简练的造型、生动的形象不断刺激和反复刻画来传达企业品牌的价值理念、经营内容和产品特性等信息。标志图形的设计不仅要具有强烈的视觉冲击力，而且要表达出独特的个性特点和时代特征，必须广泛适应各种媒体、各种材料及各种标识物用品的工艺制作，其表现形式可以分为图形表现（包括再现图形、象征图形、几何图形）、文字表现（包括中外文字和阿拉伯数字的组合）和综合表现（包括图形与文字的组合应用）三个类别。企业品牌标志图形需要以固定不变的标准原型在VI视觉设计的各种表现形态中应用，必须绘制出标准的比例图样，并标示出标志图形的轮廓、线条、距离等精密的数值。其制图

图3-6　天润安鼎动画标志

图3-7　好山水动画标志

图3-8　范师傅标志

图3-9　明生医药标志

图3-10　顺隆建设标志

图3-11　古元建设标志

图3-12　达娃玩具标志

图3-13　犇鑫光电标志

图3-14　苏喜尔太阳能标志

图3-15　茅迪集团标志

图3-16　星光大道演艺广场标志

图3-17　春秋四海影业标志

可采用方格标示法、比例标示法、多圆弧角度标示法，以便标志图形在放大或缩小时能精确地描绘和准确地复制。

企业品牌标志图形的创意设计来自对主题本身的挖掘和把握，必须充分了解企业的发展历史、背景、产品和文化以及国内外知名同类企业品牌的设计案例，这个主题一旦确定，标志造型要素的选择、色彩的运用等表现形式自然而然地就明确了。不注重主题的选择或者带有随意性和主观性的做法都会使设计事倍功半，即使标志图形本身单纯从形式上看很美，也只能是一种表面的装饰，既不符合企业品牌应用的实际需要，也缺乏长久的生命力，失去塑造企业品牌形象应有的价值功能。企业品牌标志图形设计的主题选择一般考虑以下题材。

（一）以企业品牌理念为题材

企业品牌的VI视觉设计、标志图形LOGO符号设计本身的主要功能就是为了塑造企业品牌形象，传播企业品牌文化，所谓"二流的企业做产品，一流的企业做文化"，其实每一个成功品牌的背后，都是通过与众不同的精神文化吸引和打动着消费者，并且在消费者的心智中获得非常高的认同和美誉。一般可运用联想、象征、借喻的手法进行构思创意，将企业品牌独特的经营理念和企业精神、品牌文化采用抽象化的图形或符号表达出来。而且这种抽象化的标志图形LOGO符号也适应了现

图3-18　汇商国际标志

图3-19　尚谷劳务标志

图3-20　南京包装创意大赛标志

图3-21　中法艺术家交流展标志

图3-22　"仰望2012"毕业展标志

图3-23　白云亭文化艺术中心标志

图3-24　黄埭镇标志

图3-25　"视觉南京"标志

图3-26　元富装饰标志

图3-27　集思堂标志

图3-28　南岸星城标志

图3-29　典凡艺术标志

代社会商业信息传递与科技文化交流速度不断加快的数字时代的到来与网络文化的发展，更显简洁和纯净的形式美感。

（二）以企业品牌经营内容与产品的外观造型为题材

一些企业品牌的经营内容和产品较为单一，并且该经营内容或产品可能会因为极具特色而为公众广泛认知和认同，那就可以通过这种题材的主题设计使其品牌标志更加形象直观，易认易记。

（三）以企业品牌名称与其字首组合为题材

尤其是对于英文企业品牌名称的标志图形设计来说，这是最为通常的设计方法，其实也应该是沿袭了英文人名首字母大写的习惯思路。而且，这种思路和方法其实对于中文的企业品牌名称的标志图形设计来说也是适用的，因为中文的人名也是习惯突出姓氏的首字，强调家族的荣耀和崇高。这种方法设计的企业品牌标志和形象强化了字首特征，增强了标志的可视性，发挥了相乘倍率的传播效果，形成了强烈的视觉冲击力。

（四）以企业品牌名称或字首与图案组合为题材

这种设计的形式是文字标志与图形综合的产物，既具备了前一种方法的优势，也兼顾了文字说明和图案表现的优点，是具象和抽象的结合，二者相辅相成，相得益彰。

（五）以企业品牌名称为题材

这种直接应用企业品牌名称的标志设计，即所谓的名称标志，是近年来在国际上较为流行的做法，最有利于强化这个企业品牌名称的记忆，直接传达企业品牌的信息。可以采用突变和对比手法，使其中某一主要字母或核心汉字具有独特的差异性，以增强标志图形的视觉冲击力。

就其作为特定企业品牌的形象象征和识别符号而言，衡量一个企业品牌标志图形LOGO符号的创意设计是否成功，除了考虑其是否能够成功进行商标法或著作权保护的注册以及是否符合形式美法则的视觉要求以外，还需观察以下几点。

（1）该标志图形符号作为一种传播的介质，其所嵌入、编码和传达的信息需要符合品牌文化发展战略的理念要求和独特内涵，独特别致，避免雷同，准确区隔、识别、建构和传播特定的品牌形象，降低负面或者错误联想风险。

（2）标志图形的色彩作为视觉情感感受的第一识别元素和主要传播手段，需要精准定位、精准表达。

（3）标志图形外延含义的象征性联想须与品牌核心价值理念精准匹配。

（4）标志图形整体联想具备包容性以及相对清晰的边界，为企业品牌长远发展提供延伸空间。

（5）标志图形整体传递出的气质风格具备相对具体、清晰和强烈的艺术感染力，形成品牌独特的气质识别。

图3-30　国际人力资本论坛标志

三、企业品牌标准字体设计

企业品牌的标准字体是根据企业品牌名称进行设计的，包括中文、英文或其他文字字体。标准字体的选用要有明确的说明性，直接通过视觉、听觉同步传达企业品牌的名称并强化企业形象和品牌风格，其笔画、结构和字形的复叠、透叠、连笔、适形、共用等手法的设计处理都可体现出企业价值理念、经营内容和产品特性。如果选择书法字体作为标准字体，不可盲目追求名家效应，同样必须考虑其可识别性的要求，并考虑其个性风格是否与企业形象和品牌风格相一致，也可以通过进一步的艺术化设计处理使其更加统一、规范，便于实际的使用和传播。经过精心设计的标准字体与普通印刷字体的差异性主要在于：除了外观造型的体例形态不同外，更重要的就是其专门根据企业品牌的个性风格而设计，对形态、粗细、字间的连接与配置、统一的造型特征等，都作了细致严谨的规划，比普通字体更为美观，更具特色。

在设计时可以根据使用需求的不同，采用企业品牌的全称或简称来确定字体的设计，要求字形正确、富于美感并易于识读，在字体的线条粗细处理和笔画结构上要尽量清晰简化和富有装饰感。要考虑字体与标志图形在组合时的协调统一，对字距和造型要作周密的规划，注意字体的系统性和延展性，以适应于各种媒体和不同材料的工艺制作，适应于各种物品大小的尺寸应用。其标准制图方法是将标准字体配置在适宜的方格或斜格之中，并标明字体的高、宽尺寸和角度等位置关系。

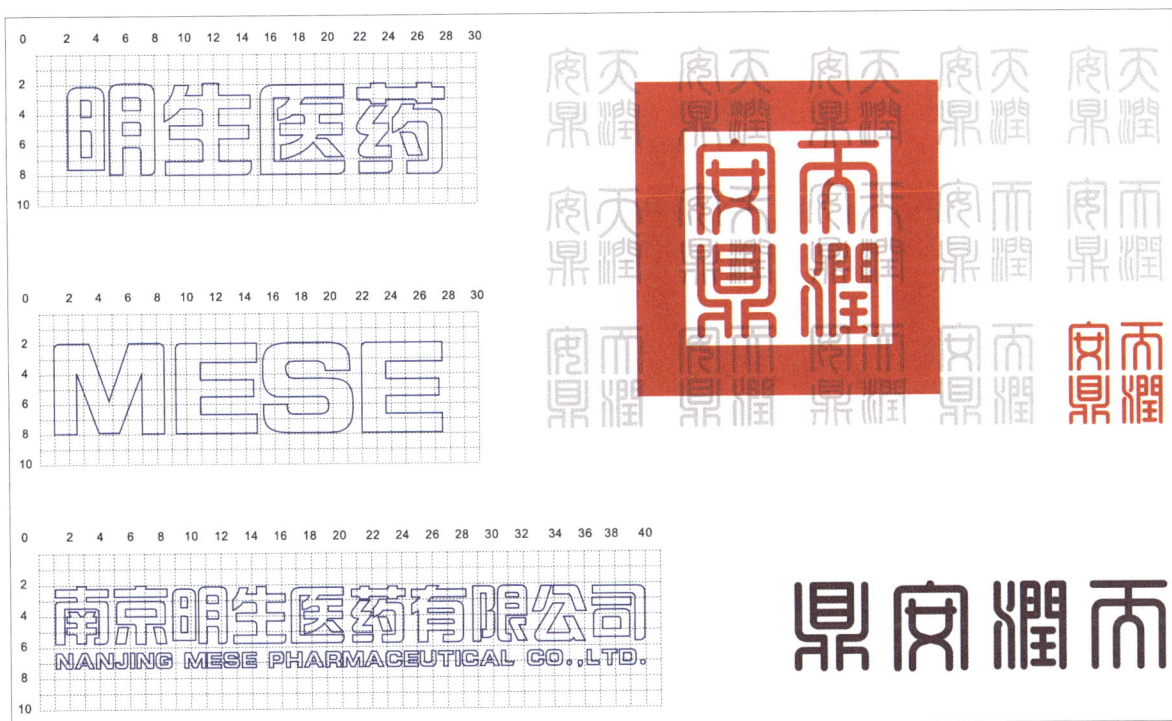

图3-31　明生医药、天润安鼎中英文字体设计

四、企业品牌标准色彩设计

企业品牌的标准色彩是指专门用来象征企业理念精神并应用在视觉识别设计中所有媒体形态上的指定色彩。企业品牌标准色彩的确定要根据企业品牌的行业属性，突出企业品牌与竞争同行的差别，并创造出与众不同的色彩效果。透过色彩具有的视知觉刺激作用于人的心理反应，可表现出企业品牌的经营理念和产品内容的特质，体现出企业品牌的属性和情感，标准色彩在视觉识别符号中具有强烈的第一识别效应。

标准色彩的选用常以国际标准色谱为参考标准，一般不超过三种颜色，以其中一种为主，并以CMYK色彩模式的参数标示，需要在把握色彩心理学效应认知的基础上进行合适的配置与组合。

（一）色彩的心理

色彩的心理也就是色彩作用于人形成的视知觉情感感受和心理反应。

（1）色彩的联想

红色——太阳、火焰、紧急、流血、喜庆、热情、爱情、活力、积极、危险、刺激、奔放；

橙色——阳光、积极、乐观、热烈、欺诈、嫉妒；

黄色——金子、希望、富丽、权威、辉煌、智慧、快活、温暖、平和、高贵；

绿色——草木、环保、自然、和平、成长、健康、安静、活力、青春；

青色——海洋、诚实、沉着、广大、悠久、消极、智慧；

蓝色——大海、雪山、天空、清冷、恬静、深远；

紫色——优雅、高贵、壮丽、神秘、永远、不安、气魄；

黑色——寂静、绝望、不幸、恐怖、沉默、严肃、庄重、朴实、悲哀；

白色——雪花、洁白、纯洁、干净、纯真、清洁、明快、凄凉、悲哀；

灰色——中庸、平凡、温和、谦让、不公平；

金色——名誉、富贵、忠诚；

银色——信仰、富有、纯洁。

（2）色彩的冷暖：红色、橙色、黄色为暖色；紫色、蓝色、青色、绿色与暖色之间的中间色，给人凉的感觉，为冷色。暖色系列给人温暖、快活的感觉；冷色系列给人以清凉、寒冷和安静的感觉。如将冷暖两色并置或组合使用，给人的感觉则是暖色向外扩张、前移，冷色向内收缩、后移。

（3）色彩的轻重：明度强的颜色感觉轻，明度弱的颜色感觉重，也

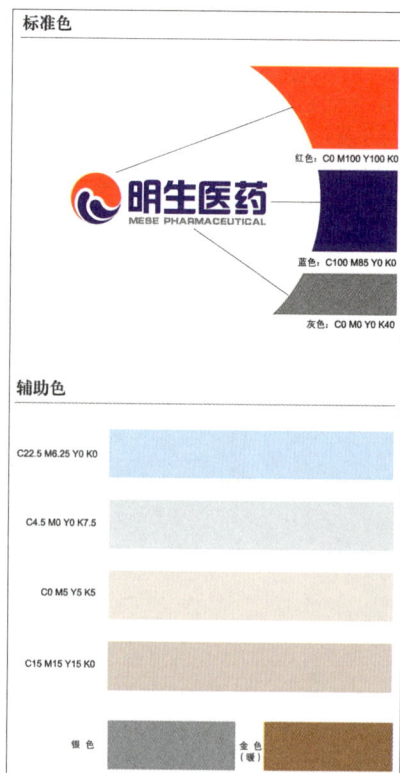

图3-32 标准色彩CMYK标注法

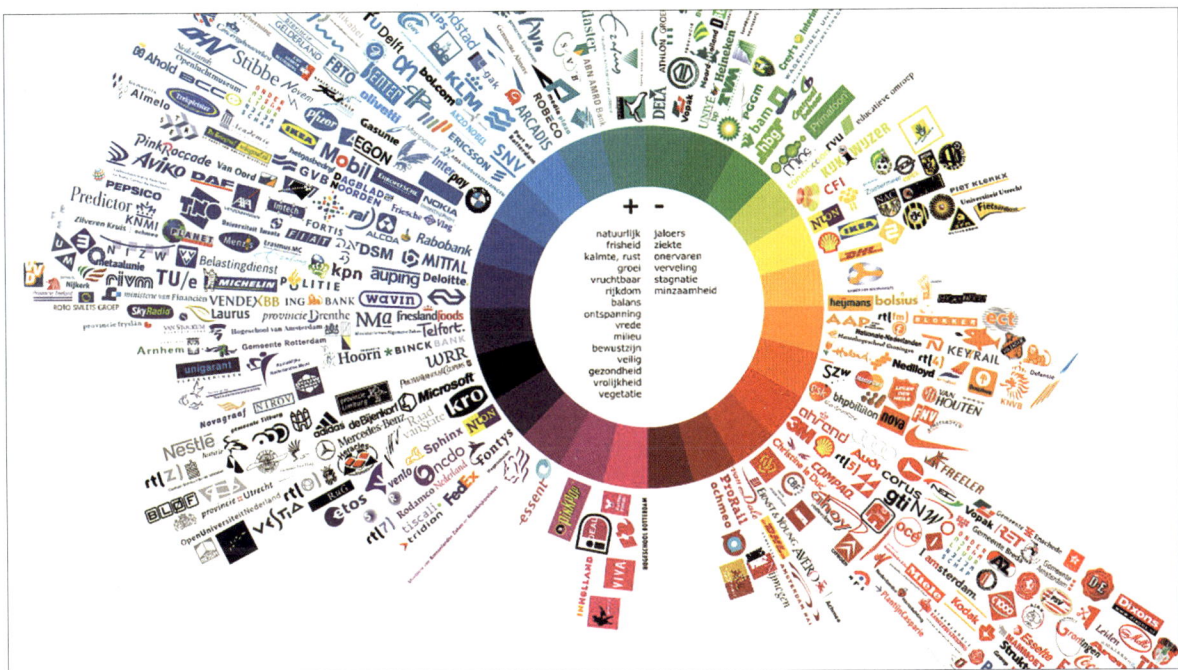

图3-33　世界著名品牌标准色环

就是说浅色给人的感觉轻，深色给人的感觉重。

（4）色彩的软硬：暖色、亮色感觉软而柔和，冷色、暗色感觉硬而坚固。

（5）色彩的空间：明度较强的色彩感觉远，明度较弱的色彩感觉近。

（6）色彩的味觉：红色给人辣味感，黄色、蓝色、绿色给人酸味感，白色、乳黄色、粉红色给人甜味感，茶色、暗绿色、黑色给人苦味感。

（二）色彩的运用

企业品牌标准色彩的设计也需要考虑到各种色彩的色相、明度、纯度之间的关系，研究人们对于不同颜色的感受和喜好，一般采用以下三种基本的配置与组合方法。

（1）原色配合：原色的颜色单纯、强烈、鲜艳夺目，艺术效果和传播效果都非常显著。

（2）同类色配合：只选择一类颜色，依靠色彩明度的变化进行搭配，形成由浅入深的过渡色效果，表现出动态感觉。

（3）补色配合：这种色彩配置对比鲜明、鲜艳醒目，往往给人以很强的视觉冲击力。

五、企业品牌辅助象征图形设计

　　企业品牌辅助象征图形是为了配合基本要素在各种媒体形态上的广泛应用而专门设计的，在内涵上要能够象征、体现企业品牌理念精神，起到衬托和强化企业品牌视觉形象的作用。通过辅助象征图形的丰富造型，来补充企业品牌标志图形LOGO符号建立的企业品牌形象，使其意义更完整，更容易识别，也更具表现的深度和应用的广度。在表现形式上可由标志或组成标志的单元造型来进行拓展或群化的图案化图形设计，适合简单抽象，保持与标志图形既有对比又有协调的关系。在与基本要素组合使用时，要有强弱变化的律动感和明确的主次关系，并根据不同媒体形态运用的需求做出各种展开应用形式的规划组合设计，以保证企业品牌视觉识别的统一性和规范性，强化整个系统的视觉冲击力，产生视觉的诱导效果。

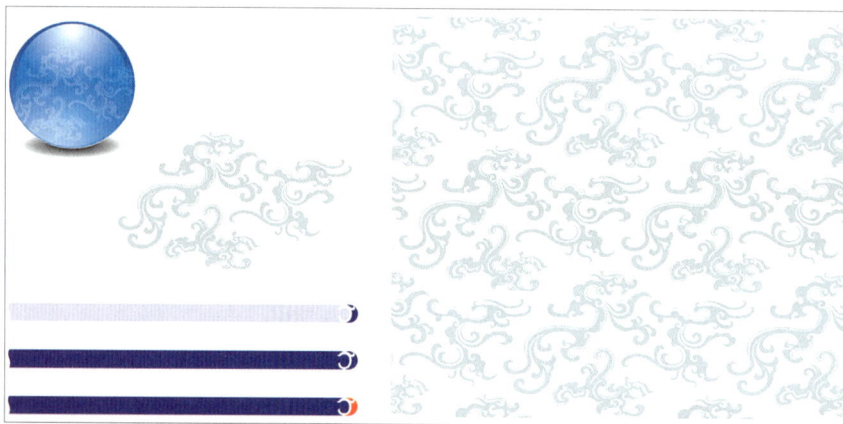

图3-34　明生医药辅助象征图形龙纹设计

六、企业品牌吉祥物造型设计

　　企业品牌吉祥物一般是以平易近人、憨态可掬的人物或者各类题材具象化、拟人化、卡通化表现的生动可爱的造型形象来唤起社会公众的注意和好感，并在企业品牌形象的塑造和品牌文化的传播中起到"形象代言人"的重要作用。企业品牌吉祥物的形象设计可以结合企业品牌的发展历史、创始人物、主要产品或者核心服务的品类特征，或从社会共同的文化资源比如历史典故、文学名著、民间故事、传奇佳话等之中找到一个合适的关联性题材展开设计，在造型形态上也要设计绘制出多种角度的动态效果，以便在不同媒体形态上和应用场合中选择使用。

图3-35　北京奥运会吉祥物"福娃"

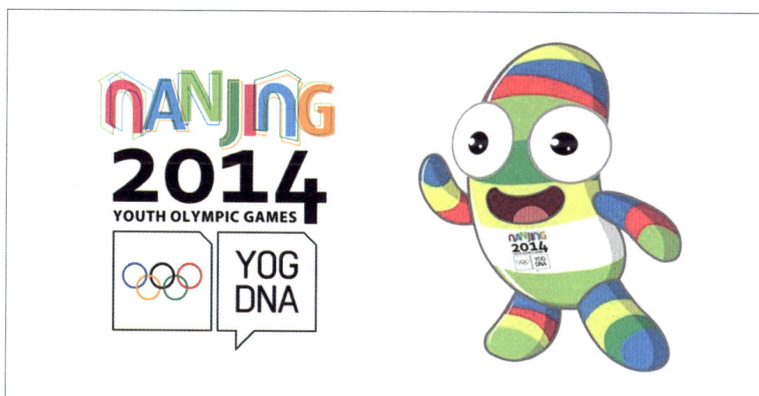

图3-36　南京青奥会吉祥物"砳砳"

图3-38　范师傅的吉祥物"无影大厨范小宝"

图3-37　顺隆建设的吉祥物"飞鱼顺顺""飞鱼隆隆"

图3-39　南岸星城的吉祥物"数星牛"

七、企业品牌专用印刷字体设计

　　企业品牌专用印刷字体是对企业品牌可能使用的主要文字、数字、产品名称标识以及内外资料文档、宣传广告等印刷专用字体进行统一的设计指定，主要包括为企业产品设计的品牌标识字体和为企业品牌对内、对外活动而设计的标识字体，以及为报刊广告、招贴广告、影视广告等设计的刊头、标题字体等。

八、企业品牌标语口号设计

　　企业品牌标语口号常常就是企业品牌精神理念的精炼化概括或口语化表达，是企业品牌根据自身的营销活动或者理念文化提炼出来的一种文字性宣传标语。企

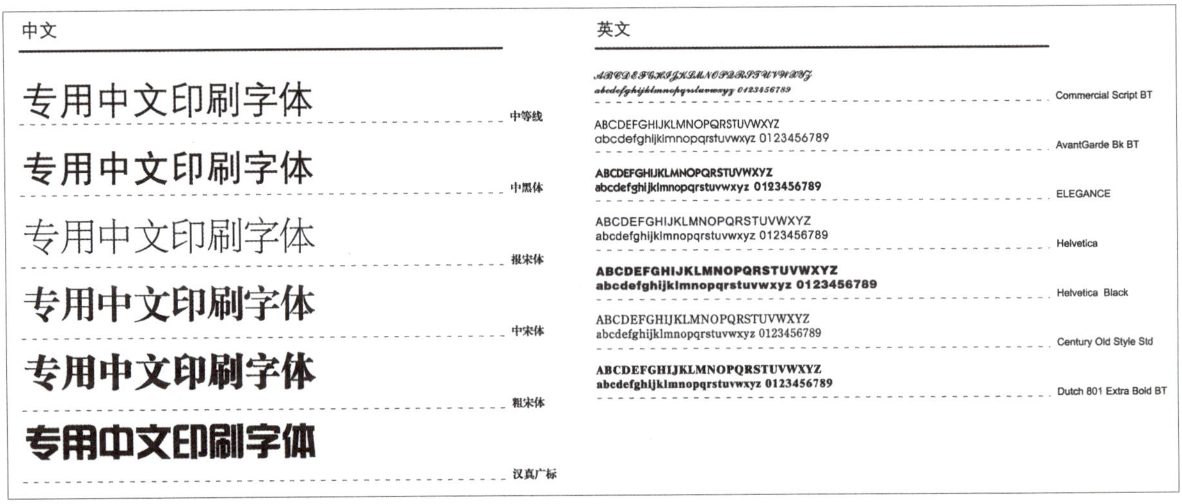

图3-40　一般专用中英文印刷字体设计

图3-41　范师傅"真的够味，实在够范儿！"

图3-42　三和双益"吃的健康，送的有礼！"

业品牌标语口号的确定要求文字简洁、朗朗上口。准确而响亮的企业品牌标语口号对内能激发员工为实现企业品牌发展目标而努力奋斗的强大力量，对外则能传达企业品牌发展的长远目标和营销方向，提高企业品牌在公众心里的良好印象，也是对企业品牌形象视觉化表现的语言传播形态补充，以期达到使社会公众在瞬间的视听传达中了解企业品牌理念思想，并留下对企业或产品品牌难以忘却的美好印象。

九、基本要素编排模式与禁用组合规则设计

主要包括以上各类基本要素横排、竖排的排列组合运用的示范性模式和各种危害企业品牌视觉形象准确传播与正确运用的禁止性组合的设计规范。

图3-43　VI基础系统版式设计

第三节 | VIS 应用系统设计

当企业品牌VI视觉识别最基本的要素如标志图形、标准字体、标准色彩等被确定后，就需要进行这些要素的精细化作业，开发各种具体项目的品牌形象传播应用设计规范，一般包括办公事务用品、建筑环境标识、交通工具（专用车辆）、办公服装、媒体广告、产品包装、公关礼品、会展展示和印刷出版物的设计规范等。因企业品牌发展规模、产品服务品类内容的不同而应有不同的视觉设计要素系统的组合形式，但须严格地固定各种视觉设计要素在各种应用项目上的组合关系，以期达到通过同一性、系统化的设计效果来加强企业品牌视觉诉求力的表现作用。

一、办公事务用品设计规范

办公事务用品的设计制作应充分体现其精细化和规范化，表现出企业品牌的理念精神。应严格按照办公事务用品形式的排列顺序，在设计上以标志图形编排、标准文字格式、标准色彩套数及所有尺寸为依据，形成办公事务用品严肃、完整、精确、统一和规范的样式，给人一种全新的视觉感受并打上企业品牌独特个性的风格烙印，展现出企业品牌文化向各个领域渗透传播的强大攻势。办公事务用品主要包括信封、信纸、便笺、E-mail（电子邮箱）、名片、徽章、工作证、请柬、文件夹、介绍信、账票、备忘录、资料袋、公文表格等。

二、建筑外部环境标识设计规范

建筑外部环境标识设计规范是企业品牌视觉形象在公共场合的视觉再现，通过公开化、有特色的群体设计标示着企业品牌的外部特征。在设计上突出和强调企业品牌标志图形，并借助和贯穿于周围环境，充分体现企业品牌视觉形象的标准化和正规化，使观者能够快速识别、获得好感。建筑外部环境标识主要包括建筑造型、旗帜形象、店面门面、商标招牌、公共标识牌、路标指示牌、广告塔、霓虹灯广告、庭院美化等。

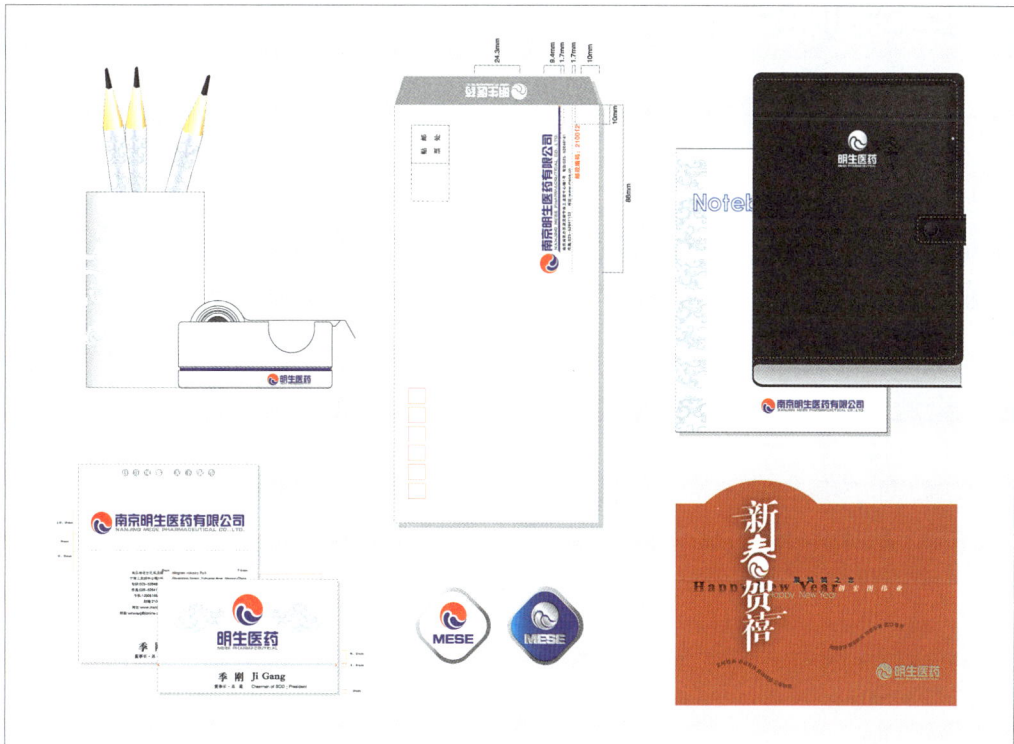

图3-44　办公事务用品设计

图3-45　建筑外部环境标识设计

三、建筑内部环境标识设计规范

　　建筑内部环境标识设计规范是指企业品牌视觉形象在办公室、会议室、休息室、生产车间等内部环境中的形象统一。在设计上也需要把企业品牌标志图形贯穿于建筑内部环境之中，从内而外地塑造、渲染、传播企业品牌识别形象，并充分体现其统一性。建筑内部环境标识主要包括企业形象牌（墙）、各部门标识牌、常用标识牌、楼层标识牌、吊旗吊牌、POP广告、货架标牌等。

四、交通工具（专用车辆）设计规范

　　交通工具的专用车辆是一种有效的流动性和公开化的企业品牌视觉形象传播方式。在设计上应具体考虑到它们快速移动的特点，运用醒目的标准字体和强烈的标

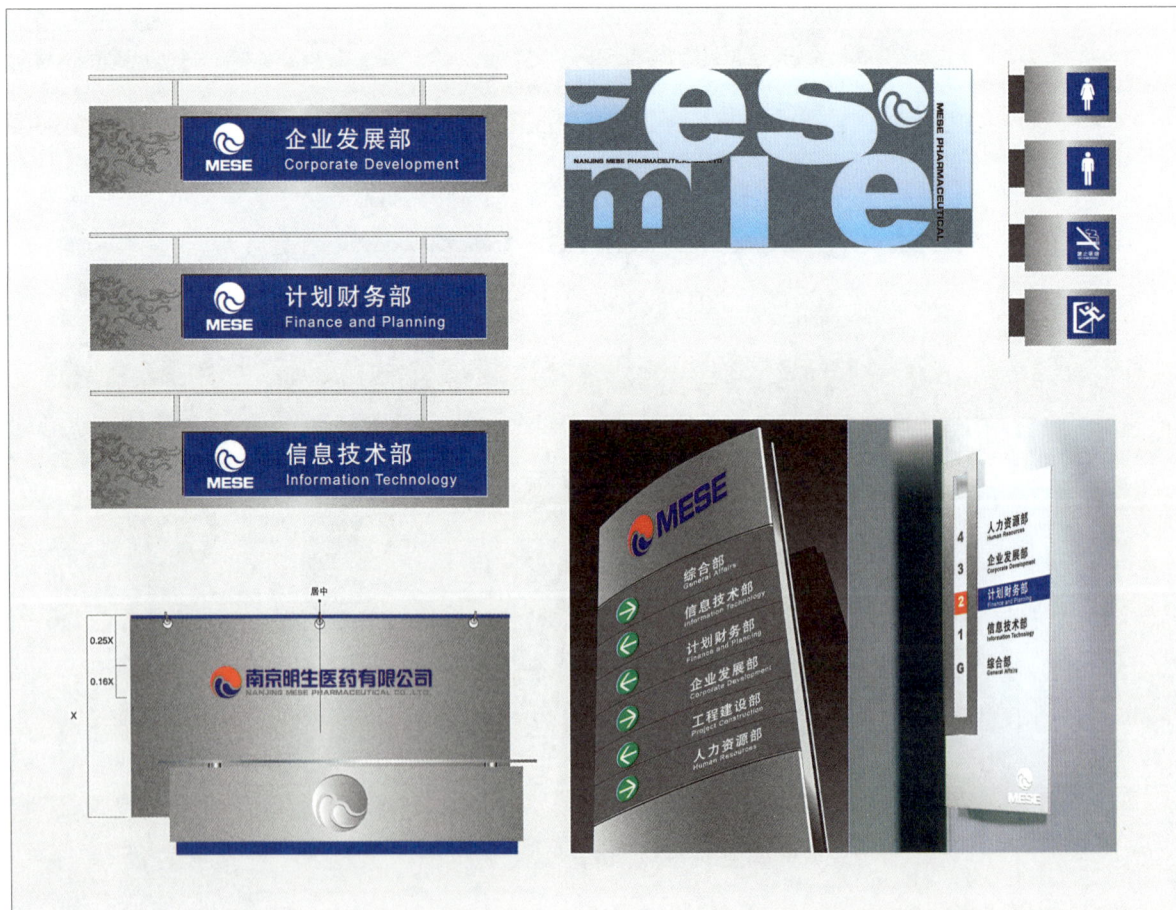

图3-46　建筑内部环境标识设计

准色彩来统一各种交通工具专用车辆外观设计的效果，通过多次的流动引起人们的注意和关注，并最大限度地突出其流动广告的视觉效果。专用车辆主要包括公务轿车、面包中巴车、大巴车、货车、工具车等。

五、办公服装（服饰）设计规范

整洁高雅或者精干适用的办公服装（服饰）的统一设计，可以提高企业员工的归属感和荣誉感，改善员工的精神面貌，促进工作效率的提高，强化员工的纪律和责任意识。在设计上应严格区分出工作范围、性质和特点，设计出符合不同岗位需要的着装规范。办公服装主要包括管理人员制服、普通员工制服、礼仪制服、文化衬衫、领带、胸针、工作（安全）帽、纽扣、肩章、胸卡等。

图3-47　交通工具的专用车辆设计

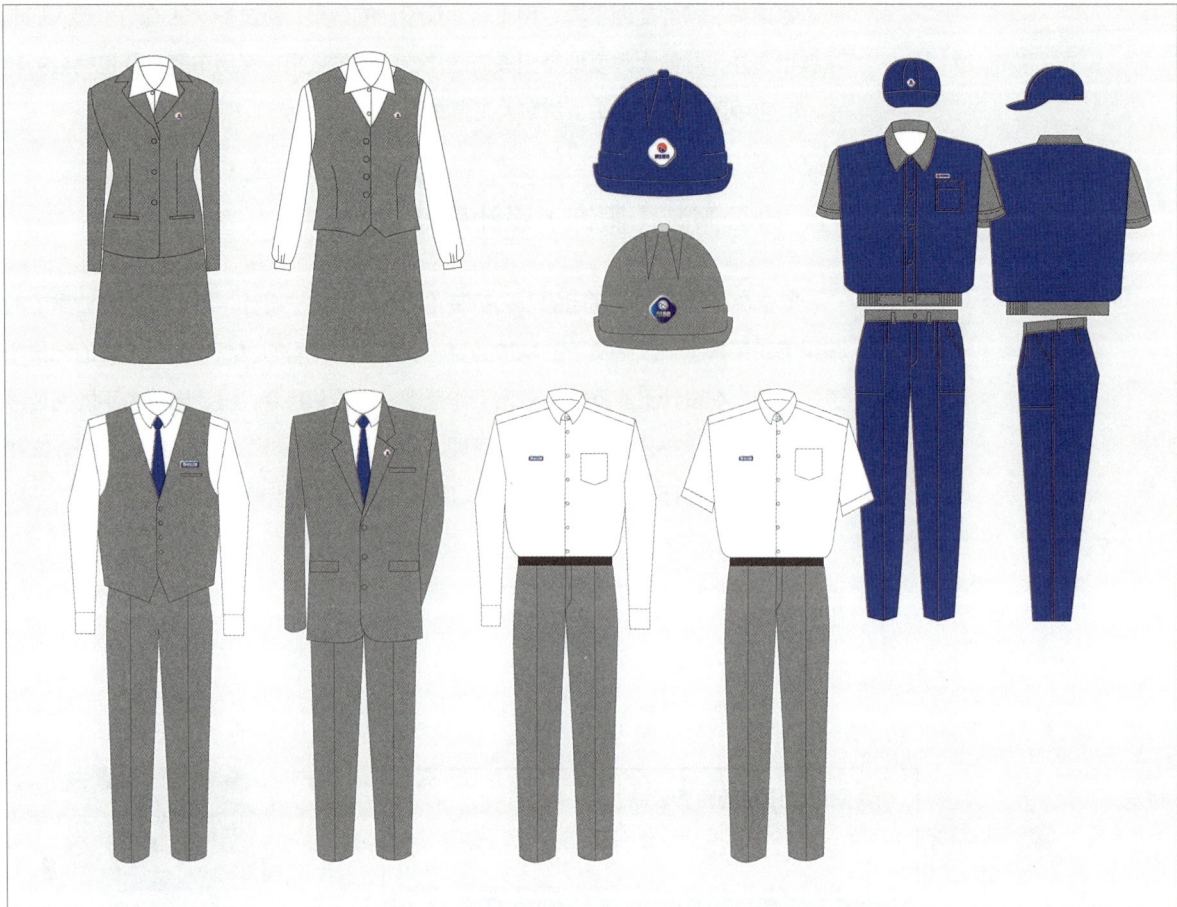

图3-48 办公服装、服饰设计

六、媒体广告设计规范

　　企业因为品牌形象和市场营销的宣传需要经常通过各种不同媒体的广告形式对外传播，可在短期内以最快的速度在最广泛的范围中将企业品牌信息传达出去，是一种整体、长远和宣传性极强的传播方式。在设计上也需要对此进行格式、标版等方面的规范性设计，有利于发挥统一、规范的整合传播效果。媒体广告主要包括网络广告、电视广告、报纸广告、杂志广告、样本广告、DM直接邮寄广告、POP售点广告、路牌广告、招贴广告等。

图3-49 媒体广告设计规范

图3-50 南岸星城艺术家园主题宣传画设计

七、产品包装设计规范

产品是企业品牌最好、最便利的"形象大使"，也是企业品牌价值通过消费实现利润转换的最主要经济来源，产品包装起着保护、销售产品的作用，也起着传播企业和产品品牌形象的作用，是一种记号化、信息化、商品化的企业品牌形象，体现出商品质量的优劣和档次价格的高低，是"无声的推销员"，具有强大的促销作用。在设计上主要是突出企业品牌形象，包括标志、标准字和广告语，在编排和图形的运用上应该与基础系统中的限定保持统一，使之更呈装饰性，通过各个展示立面的文字、图形传播各种商品品牌的信息。产品包装主要包括纸盒包装、纸袋包装、木箱包装、玻璃容器包装、塑料包装、金属包装、陶瓷包装、包装纸等。

图3-51　系列化的产品包装设计

八、公关礼品设计规范

　　企业公关礼品主要是为通过赠送行为加强与相关者或消费群的感情联系、沟通交流和关系协调，使企业形象或品牌精神更具形象化，更有人情味，同时也是一种行之有效的广告形式。在设计上通常是以识别品牌标志为导向，以传播企业形象为目的，将企业品牌形象的各种组合方式印制表现在日常生活的用品和礼品上。公关礼品主要包括T恤衫、领带、领带夹、打火机、钥匙牌、雨伞雨披、U盘、纪念章、礼品袋等。

图3-52　小小的公关礼品往往一下子就会拉近品牌与消费者的心理距离

图3-53　明生医药的会展展示、店面陈设设计

九、会展展示（陈列）设计规范

　　会展展示（陈列）是企业品牌在营销活动中运用各种广告媒体突出品牌形象并促进产品销售的整体现场传播活动。在设计上要突出陈列展示的整体感、顺序感和新颖感，表现出企业品牌的精神风貌。会展展示（陈列）主要包括橱窗展示、会展展示、货架展示、陈列展示和网页（首页）展示等。

十、印刷出版物设计规范

　　印刷出版物代表着企业的品牌形象，直接面向企业品牌的关系者、消费群和社会公众。在设计上要充分体现出强烈的统一性和规范化，表现企业品牌的理念精神，传达企业品牌的产品信息，编排方式要一致，固定印刷字体和排版格式，并注意将企业品牌标志图形和标准字体组合统一安置在某一特定位置，营造一种规范、大气的视觉风格，提升公众的视觉印象和营销的宣传效果。印刷出版物主要包括企业品牌简介、商品说明书、画册和年历等。

图3-54　企业台历等印刷出版物设计

第四节 | 企业品牌 VIS 系统树和 CIS 形象管理手册设计

企业品牌形象导入的VI系统树和CI管理手册的设计都是为了更加形象、直观地展现企业品牌视觉传播体系的基本架构，以及更加便捷、有效地管理、实施其传播媒介的形式和手段，是企业品牌化、制度化、规范化、系统化管理具体体现的一个重要内容，应具有较高的编排规范要求和较强的应用传播功能。

一、VIS系统树设计

企业品牌VIS系统树的设计是以"树形"的结构形式将之前已经设计定稿的VIS基础系统和应用系统中的各个代表性元素集中展现在一个有限的平面上，其"树根"结构中的核心部分也是最能集中体现企业品牌文化理念的VI视觉识别系统的核心——企业品牌标准标志、标准字体、标准色彩的"三标"设计以及辅助象征图形、吉祥物、标语口号等其他要素的组合标准、编排规范等内容，构成VIS体系中的基础部分，再由基础系统向上延伸、发展，编排设计出其"枝干"结构体系——各种应用系统具体的项目设计。

VIS系统树的设计架构理顺和明确了整个视觉识别系统的组织关系，使视觉识别系统的基本项目一目了然。

二、CIS形象管理手册设计

企业品牌CI形象管理手册（Corporation Identification Management Manual）的编辑制定是CI导入的企业品牌规范管理的实际需要，具体地规定企业品牌在媒体传播和形象宣传方面的指导思想和使用方法，对各类基础系统要素和应用系统项目设计的规范标准和复制要求都应进行详尽的编辑编排，就像企业生产制定的各种技术标准和管理条规等，绝对避免杂乱无章和主观随意。

处于不同发展阶段的企业品牌在经营内容、营销方法和机构设置上千差万别，因此，CI形象管理手册的制定特别是其中VI视觉识别内容的编制也并没有完全统一的样式标准，一般包括以下内容。

（一）宣言或总论

往往以企业决策层最高领导人的名义发表序言或致辞，论述企业品牌的价值观

办公用品类 旗帜类 指示指识类 服装类 广告宣传类 资料类 环境与陈设类 运输工具及设备类 公关礼品类 产品与包装类 其他

应用设计系统

基本设计系统

企业名称 标准标志 变形标志 标准字体 印刷字体 标准色彩 辅助色彩 组合模式 商标品牌 象征纹样 吉祥物

三大核心

核心之核心

VI-TREE VIS系统树

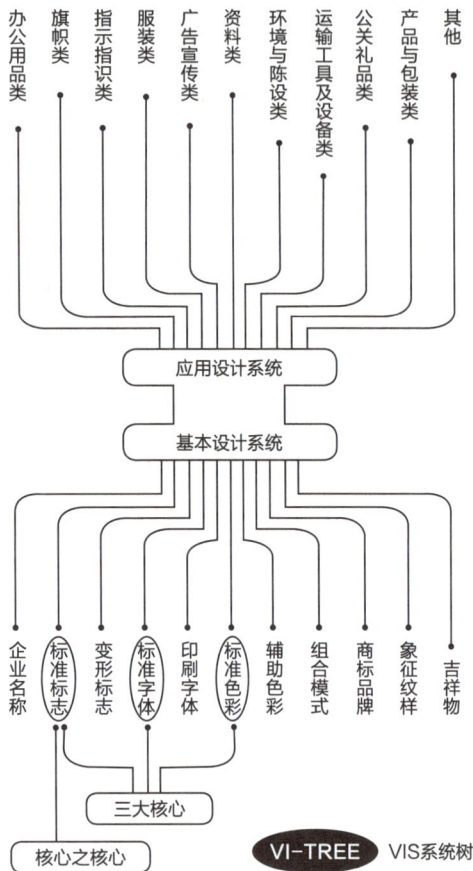

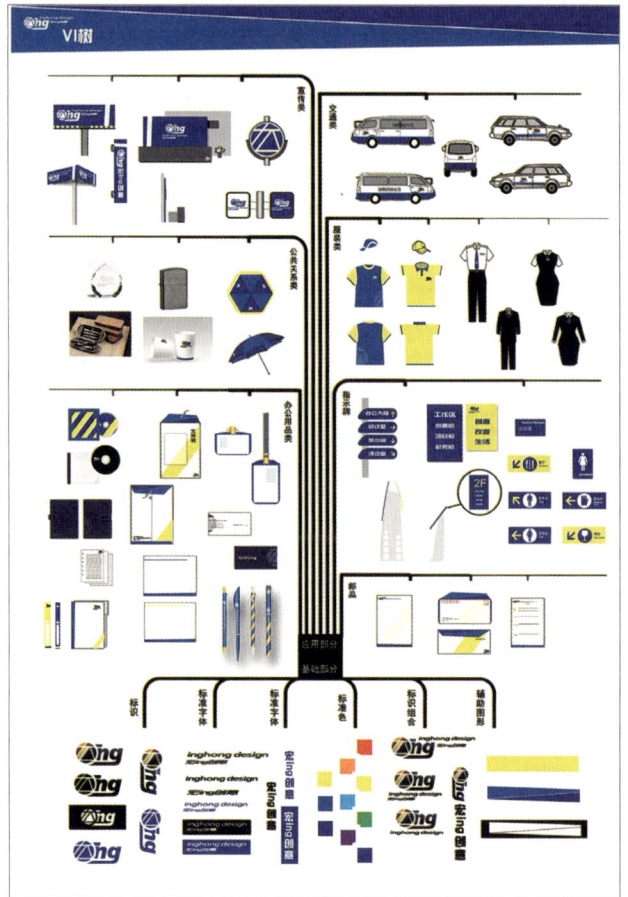

图3-55　VIS系统树

念和经营思想，建构企业品牌精神文化的重要意义和运作规则，树立企业品牌形象的指导原则和规范要求，以及具体企业品牌VI视觉识别系统的目录序列和CI形象管理手册的使用方法等。

（二）VIS基础系统

包括前述企业品牌VIS基础系统的标志图形、标准字体、标准色彩（专用色彩）、辅助象征图形（图案）、吉祥物造型等要素的各种编排组合设计规范和具体使用说明。

（三）VIS应用系统

包括前述企业品牌VIS应用系统的办公事务用品、环境标识、车辆、服饰、广告、包装等项目的各类传播媒介图例设计规范和具体使用说明。

（四）附录或再生工具系统

附录一些设计数据、图表以及相关的法律规条、参考文献等参考资料，或者单列相关色标、图例、比例尺、框架等复制材料、再生工具等，便于全面把握和传播

图3-56 CI形象管理手册

使用。

  CI形象管理手册是企业进行品牌创建、形象宣传和内部管理活动中最为重要的"品牌法典"，在所有企业管理的各类规制中应具有最高的权威性和严肃性，其编制力求做到规范、完整和可操作，是一项十分严谨繁复的重要工作。

  CI形象管理手册中的各种要素、项目及其各类不同编排组合的设计规范都要进行精确的表现、严格的限定，防止应用中可能出现的任何错误。重要的图形、文字设计都要用制图方法加以精确，防止缩放、复制时由于尺寸的变化、材料的不同而产生印刷、制作上的错误。CI形象管理手册的制定还要适应企业品牌在VIS应用传播时的各个环节、各种场合的需要，尽量完整、详尽、周到，可以针对不同的部分采用"分册"的形式进行归类、示范，也要便于传播推广的实际操作应用，需要文字精确简练、通俗易懂，图示清晰准确、具体标明，色彩色标和材料工艺等都要有具体现定和使用说明。

CIS

第四章 | CIS品牌传播

第一节 ｜ CIS 导入的品牌策略选择、时机动机与前提条件

CIS企业品牌的创建和传播是现代企业经营管理和形象建设的一项长期的系统工程，CI导入在本质上就是企业品牌化管理的过程，需要有明确的品牌策略选择，把握恰当的时机、动机与充分的前提条件，采取多样有效的推广形式。

一、CI导入的品牌策略选择

（一）增强消费者信任的单一品牌策略

单一品牌策略又称为统一品牌策略，是指企业及其生产或提供的所有产品或服务都采用同一个品牌形象的品牌营销策略。这样就使企业与产品（或服务）之间、不同的产品（或服务）之间形成最强的品牌协同，不仅最大程度地利用品牌的无形资产价值，也在这个过程中最大程度地累积着品牌的无形资产价值。其CI战略的形象识别中就包含着PIS产品形象识别系统的品牌识别，必须在产品外观、包装展示等方面都予以重视和设计，因为每一件产品的品牌都代表着企业的形象。比如，"海尔"就将其注入了"真诚到永远"服务理念精神的品牌形象使用在其企业、域名及从最初的单一冰箱产品到后来拥有的白色家电、黑色家电、米色家电在内的

图4-1 "海尔"将其品牌使用在其企业名称、网站域名和96大门类15100多个规格的产品群上

96大门类15100多个规格的产品群上，成功地树立了国际化的品牌形象，是企业成功导入CI战略的典范。当然，采用单一品牌策略也有其不足和风险，即品牌区分度低，差异性小，不利于开发不同类型的产品，也不便于消费者们有针对性地选择，某一产品或者服务出现问题，极有可能产生连锁反应累及其他，但对于需要集中资源参与市场竞争，严格控制品牌宣传支出的企业尤其是中小企业而言，不失为一种明智的选择。

（二）有效区隔市场的品牌延伸策略

所谓品牌延伸策略一般包括主副品牌策略、多品牌策略和背书品牌策略等。主副品牌策略是以一个主要品牌涵盖企业的系列产品或者服务，同时又针对不同产品或者服务的功能和特点起一个富有魅力的名称作为附属品牌，以突出产品或者服务的个性形象。比如"美的"利用"星座"来命名产品，"冷静星""超静星""智灵星""健康星"等都帮助其创造出空调界的一个个销售奇迹。而多品牌策略是指一个企业就同一种产品或者服务的不同功能和特点，并区别于其他的产品生产者或者服务提供者，同时经营两个以上相互独立、彼此没有联系的品牌。实施多品牌策略最为成功的企业当数宝洁和联合利华，在全球，它们旗下的各类独立品牌分别多达300和1000多种，这些品牌与宝洁和联合利华的跨国企业品牌之间都没有太多的直接联系，但诸如海飞丝、潘婷、佳洁士、碧浪、汰渍、玉兰油以及中华、力士、和路雪、夏士莲、多芬、奥妙、立顿、老蔡、金纺、清扬等知名品牌已经实实在在地渗透到我们以及全世界人们生活的方方面面。这些看似毫无关系、相互竞争的品牌可以帮助企业最大限度地占有市场，对消费者的各类不同层次的需求实施交叉覆盖，并且能够降低企业经营的风险，即使一个品牌失败，对其他的品牌也没有多大

图4-2 联合利华的下属品牌中华、力士、和路雪、夏士莲、多芬、奥妙、立顿、老蔡、金纺、清扬等

图4-3 "Intel Inside"品牌标志

的影响。背书品牌策略往往是指企业在实施多品牌策略的同时在CI战略市场导入的品牌传播过程中有意将其背后强势的支撑品牌信息传达给市场消费者，从而产生品牌无形资产价值的转移和比照，提升其具体某一品类产品或者服务品牌的市场形象。宝洁在打出"飘柔"品牌的时候不会忘记指出"飘柔——宝洁公司优质产品"，浏阳河、京酒、金六福等品牌也会在其广告宣传中告诉消费者"我们都源于五粮液"。当然，这种策略的选择需要企业有着强大的经济实力支撑和娴熟的品牌运作经验，是CI战略导入到一定程度之后的一种提升，而且这些品牌延伸的策略在CI战略的导入中都需要有专门针对性的产品或者服务品牌形象的创意设计，即具体可行、个性独特的PIS设计，以便于有效地区隔和占有不同的细分市场。

（三）合作共赢的品牌联合策略

品牌联合策略主要是指两个或者两个以上品牌的相互联合、相互借势，以实现市场共赢的品牌营销策略，是基于自身CI战略导入之外的品牌合作，也可包括品牌特许经营和品牌虚拟经营的品牌联合合作。一般来说，这种品牌策略也是企业在现代市场专业分工越来越细的状况下对于其他相关产品或服务领域外在的相对优势品牌资源的有效整合，往往能取得1＋1＞2的市场效果，例如世界上最大的计算机芯片生产者英特尔公司与世界主要计算机制造商之间的品牌合作，就使得标有"Intel Inside"品牌标志的计算机比没有该标志的计算机更为消费者所认可和接受。而分布在全球121个国家和地区特许加盟麦当劳品牌的超过30000家快餐厅每年的营业额都能达到三、四百亿美元，麦当劳也由此实现了品牌的快速扩张，成为全球快餐第一品牌。耐克公司从20世纪70年代初开始，就把精力主要放在设计与营销上，

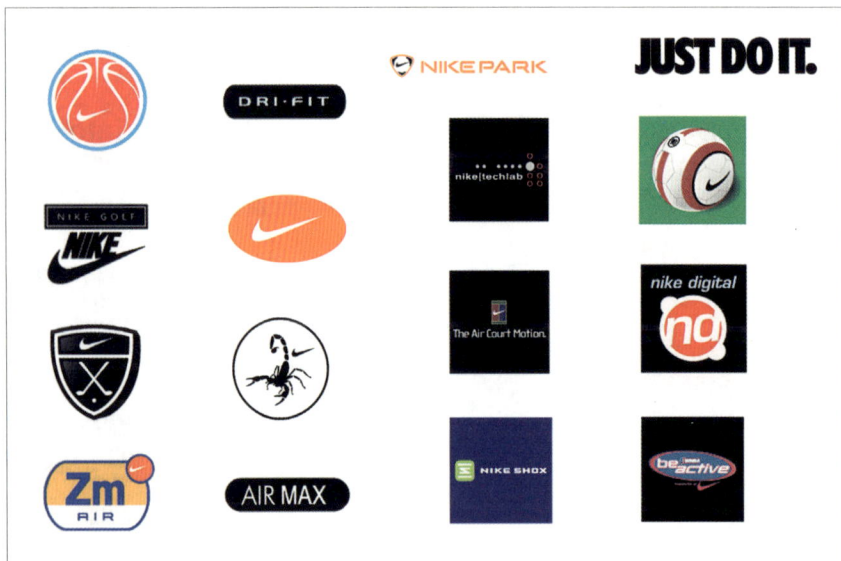

图4-4　耐克公司标志

专注于技术、服务与品牌推广，具体产品的生产则承包给劳动力成本低廉的国家和地区的厂家，以此降低生产成本，自身没有一家真正属于自己的工厂，品牌虚拟经营帮助其实现了品牌与生产的分离，使品牌持有者从繁琐的生产事务中解脱出来，在国际市场上获得了强大的成本竞争优势。

二、CI导入的时机动机与前提条件

无论是对于希望将来能够发展成为大企业大品牌的中小微型企业还是准备高起点初创的新建企业又或者是处于多元化国际化进程中的大企业，正确分析和把握时机动机都是CIS导入和品牌创建成功的关键。一般来说，除了初创的新建企业，其他都应选择在企业经营或财务状况较好，预计未来不久将有较大发展的战略转折或者所谓的"二次创业"时期较为合适，各种不可预期的特别情况也应该作为需要考虑的因素。对此问题，业界的共识一般包括以下关键点。

（1）改变企业经营不振的现状，克服经营困难，活化企业组织，振奋企业精神。

（2）改变陈旧、落后的企业形象，树立崭新的企业形象。

（3）变更企业名称，扩大经营范围，实现多元化经营。

（4）转变企业经营方针，重整企业理念，适应"二次创业"需求。

（5）顺应"国际化"潮流，改变不能同国际市场接轨的形象识别系统，适应国际竞争需要。

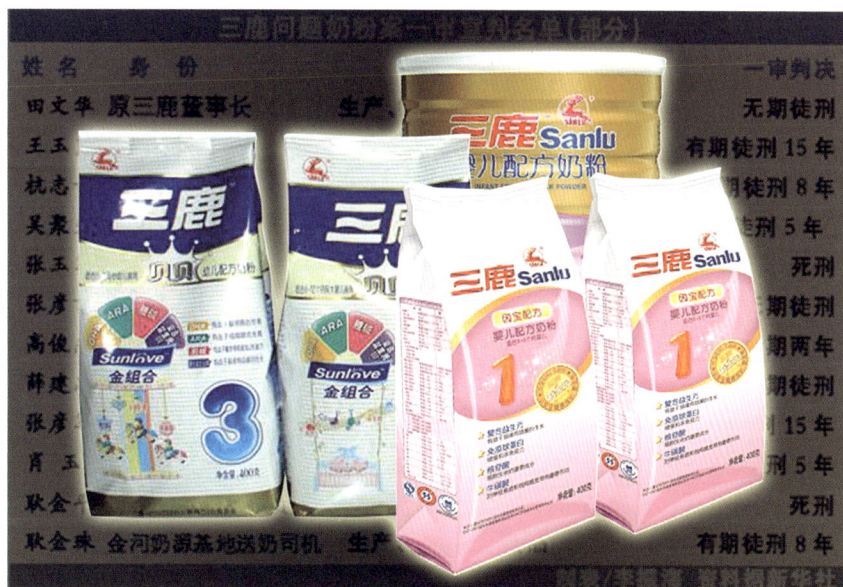

图4-5　败在三聚氰胺上的三鹿品牌

（6）导入新的市场战略，开发新产品上市，借助CI导入迅速打开市场。

（7）强化企业的对外宣传、公共关系和促销活动，改变企业实力强大但形象传播力弱的现状，提升企业实力形象。

（8）实现企业的改组、整顿，提高管理效率。

（9）消除负面影响，克服不利因素，创新企业形象。

需要明确的是，CI导入的成功还需要具备一定的前提条件，主要包括前瞻性的领导意识、高素质的员工队伍、有保证的产品质量以及开发性的投资费用。

图4-6　英国ICI世界集团公司标志

CIS的开发和导入，是一次从物质层面到精神层面对企业机体和品牌形象进行调整和再造的过程，不只是视觉形象和理念表述一般意义上的美化和修辞，而是要涉及和解决系统性的精神背景问题，企业高层领导对于品牌创建和提升的认知与重视程度是其根本和关键，需要具有对于专业机构的高度信任以及对于实施推广的长久坚持。企业员工也要统一思想，明确树立良好的品牌形象对于提高企业知名度和扩大产品销售额的重要作用，认识到CI的导入与高层领导和普通员工每个人都有着密切的关系，不能置身于度外，并要了解CIS的基本构成和要求，在生产和管理实践中自觉应用和推行。任何品牌的创建也是必须与有保证的产品质量相关联才能发挥品牌应有的本体性附加价值，否则不仅会给消费者带来经济甚至健康和生命的损失，而且最终必将损害品牌形象和企业信誉，损害企业的长远利益，像三鹿等已经成为了有名的品牌败案。

还有就是需要保证作为投资开发性的CI导入策划调查费用、设计开发费用和实施管理费用，在资产结算中将其列入延期资产投资或固定资产投资，不要求短期内回收，通常在两三年后才能开始发挥显著作用。目前国内的情况一般需要花费30万～100万元，陕西彩虹集团、河南新飞集团、广东杉杉集团的CI导入投资更在200万元以上。英国ICI（Imperial Chemical Industries）世界集团在收购了一家新公司后转向多元化经营的方向发展，原有的标志不能符合新的变化，于是公司决定用100万英镑对呈波浪状的公司标志进行修改，使之能更好地代表公司新的品牌形象。公司的决策者认为："重新设计系统标志是为了将所收购的公司融入原来的公司结构中，这是一种新的设计类型，一项要在150个国家内执行的战略。"

第二节 ｜ CIS 品牌形象推广与产品、包装、广告和展示设计

在企业品牌CI导入发布之后长期的品牌形象市场推广和媒体传播过程中，需要始终坚持通过品牌化的创意设计提升品牌的"三品"——品质、品位和品格，丰富品牌文化的美学内涵，提升品牌形象的艺术魅力。具体组织落实企业品牌创建工作的企划、文宣部门应在CIS委员会的指导下，联合企业的产品研发和设计部门、市场推广和营销部门，借助"外脑"和"智库"的专业品牌策划、设计和广告传播、学术研究等机构的力量和资源，探索建立品牌独董、品牌经理和首席品牌设计师制度，在产品的开发与创新、包装的提档和升级、广告的整合与传播、会展的策划和推广等品牌活动中，使品牌成为差异化战略设计创意的中心整合意识和价值追求目标，严格依据CI导入的宗旨特别是具体VI视觉识别规范的要求，极大地发挥前瞻性设计的创意能量，通过品牌化的产品、包装、广告、展示等动态发展变化的具体内容项目的创意设计，进一步创造和累积品牌的核心美学文化价值，进一步提升品牌管理和媒体传播的层次、水准。

一、品牌产品设计

所谓的产品设计是指通过多种元素如线条、符号、数字、色彩等方式的组合把产品的形状以平面或立体的形式展现出来的一个创造性的综合信息处理过程，反映着一个时代的经济、技术和文化，当然也应该能够反映出一个企业品牌的精神、理念和文化。而品牌化的产品设计观念就是指把产品设计看做是CI导入的品牌策划与设计的基础，并以此为起点展开全面的品牌战略规划，通过设计创意使产品成为企业品牌技术形象的承担者，也成为促进企业和消费者之间沟通的最实际、最直接的品牌媒介。CIS企业品牌战略导入视角下的产品设计主要体现在以下三个方面。

（一）对产品标志和品牌名称的识别化设计

把不同品类、具体产品的商标标志和品牌名称也纳入企业品牌CI导入的品牌战略规划中去，根据不同的品牌策略选择，整体考虑、统一设计产品的商标标志和品牌名称，对其LOGO符号、文字组合等运用各种材料进行不同效果的处理，使其和产品本身产生色调、肌理上的视觉对比，不仅装饰了产品，而且能突出品牌标志，以便消费者的辨识和注意。金属的凹凸、电镀、喷砂、拉丝，皮革的压印、烫金、

图4-7　个性化的概念汽车设计

刻花，丝线的刺绣和激光全息晶片等不同工艺处理的精美标志设计都可能"画龙点睛"地体现出企业的技术和产品的身价，也能体现出品牌的品质和价值。

（二）对产品本身富有个性的系列化设计

通过对于产品本身大的立面、线型等方面在造型、色彩上的统一处理，或者是特别针对特定消费群体定制开发的特定形态或功能的延伸产品，也可以通过某种特殊标志性小部件的细节处理，都能使产品在工业设计学意义上的造型设计形成统一和标准的系列化设计效果，不但提高了产品的标准化程度和零件的互换比率，获得成本优势，而且强化了VI视觉识别的造型语义和形象特征，有利于品牌传播。这种设计的方法不但能够体现出企业品牌在涉及模具开模、表面处理、机械控制等方面的整体技术实力，也往往使其容易获得品牌化产品的外观专利法律保护。

（三）对产品上各种装饰性、标识性附件的细节设计

对于产品各种附件性的生产商吊牌、吉祥物贴纸、标语口号，甚至是POP立牌广告、标识上的文字、图形等元素的设计也应与VI系统的基本要素组合规范保持统一的样式，所谓"细节决定成败"，有利于使消费者形成良好的观感和印象。

二、品牌包装设计

包装设计是为了商品的储运和销售而进行的容器结构的造型和包装装潢的美化，基本功能之一就是传递商品的品牌信息，是品牌理念、产品特性、消费心理

图4-8 洋河的"海天梦想"包装设计

的综合反映，直接影响着消费者的购买行为。同样，在CIS企业品牌战略导入视角下的品牌化的包装设计，就是将包装上面的各种商品的品牌信息条理化、统一化，使之成为整个企业品牌形象结构的有机组成，通过商品与品牌之间的价值累积和迁移，提升市场认同的价格水平，以利于有效地促进产品的销售。

首先要处理好各类包装信息的分配，协调好各种信息的主次关系、视觉流程，比如品牌标志和产品形象等图片信息，牌号、品名、说明文字、广告文字以及生产厂家、公司或经销单位等文字信息，以及企业品牌的标准色彩与产品品类的主体色彩等色彩信息。要在主要展示面突出企业或产品品牌的标志，然后是产品形象和品类名称以及其他更为次要的信息。其次，要运用VI视觉识别基础系统中富有个性的辅助象征图形图案的功能和作用，以此来统一各种包装形态的基本编排，使之成为企业产品品牌形象的一种基本标识。

对于特定企业不同的企业品牌和产品品类来说，合适的包装材料、特殊的工艺手段也能构成品牌化包装设计的独特视觉标识，特别是如果能够在包装的形态和构造上围绕企业品牌个性的差异化定位寻找到创意的突破，也可能会形成持久的品牌特征，从而使得这种包装的形式成为品牌艺术化表征的经典审美符号。消费者对于产品功能和物用价值的消费其实也包含了对于品牌精神的消费和包装符号的消费，统一、系列、独特、突显的品牌化包装设计使包装自身就成了优秀的推销员。

三、品牌广告设计

　　广告设计是对图形、图像、文字、色彩、版面和编排等广告表达的要素，结合不同广告媒体的传播特征，为表达和实现特定广告目的和主题意图进行平面艺术设计创意的一种活动和过程。品牌化的广告设计是指广告的画面应该符合稳定、统一的品牌个性，符合品牌定位的形象策略，在同一宣传主题下的不同广告版本，其创作的风格和整体的表现应该能够保持一致性和连贯性。品牌形象的广告设计以企业MI精神理念及其经营思想和行为准则为核心，并将它们具体转化为广告视觉形象和广告语进行传播宣传，与消费市场进行双向互动的情感沟通。其VI应用系统的各类媒体表现形式实际上也是属于广告性质的企业品牌信息传播，是企业在市场中树建自身形象、促进商品销售的最重要的手段。

　　从企业品牌的CI战略和广告宣传的活动策划来看，广告策划理应在CI战略所确定的总体概念指导下进行，广告创意表现中的诸多形象要素，也都须参照CI计划中的设计规定。CI战略指导下的品牌广告设计使广告宣传的主题、形象和艺术表现的视觉语言达到了高度的统一，极大地提高了广告传播的效率。但是，除了整体宣传企业品牌的形象广告之外，一般具体广告策划的活动由于企业经营及市场需求的瞬息万变，其主题目标往往比CI设计更有现实战术性，需要根据某种商品的推销计划而制定推销这种商品的导入期、发展期、成熟期等时间上的广告作业程序。因此，不能完全用CI计划取代具有相对独立性的广告策划。

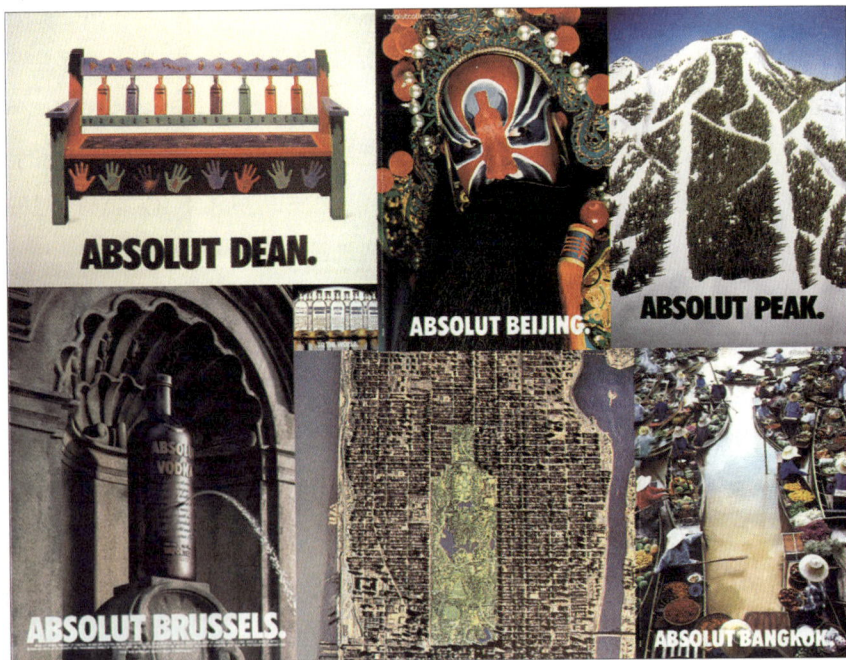

图4-9　Absolut Vodka绝对伏特加品牌形象广告设计

在前述的CI形象管理手册中，一般只规定一些标志性企业形象的宣传广告样式和一些战术性广告的基本编排规范格式，对于具体广告活动策划的主题、创意只作一些原则上的规定，不限定具体操作实践中广告设计部门的自由创作、自主应变。可以视具体情况，保持各类具体广告活动策划与CI战略总体上的一致，在具体的设计创意中，充分考虑两者之间的关系，处理好企业广告宣传中的长期与短期、企业整体形象和产品营销形象、统一性和可变性等具体问题。

四、品牌展示（陈列）设计

展示（陈列）设计是以商品为主体，在既定的时间和空间范围内，运用艺术设计语言，通过对空间与平面的精心创造，使其产生独特的空间范围，不仅含有解释展品、宣传主题的意图，并使观众体验、参与其中，达到完美沟通的一门综合性艺术设计创作活动。企业品牌展示（陈列）空间包括各种专题展览、形象主题展示室、艺术橱窗、旗舰（连锁）店面等，都是企业对外宣传的品牌窗口，是企业向社会公众展示自身实力和产品品牌形象的重要渠道。品牌展示（陈列）设计是立体空间与平面形式的结合，特别是各种专题展览的设计时要求便于参观者的观看与流动，具有引人入胜的独特而合理的结构设计，并注意将代表企业品牌形象的标志图形、标准字体、标准色彩、创意图形与空间结构巧妙结合，醒目而美观，简洁而大气。

品牌展示（陈列）设计的内容主要分为以下三个部分。

（一）展区的整体安排和展架的构造组合

需要在CI整体战略的规划下，确定企业品牌展示（陈列）设计的基本要素和

图4-10　范师傅脆皮炸鸡、康师傅私房牛肉面门头店面形象

总体构架，保持品牌形象高度统一的独特风格和组合样式灵活多变的局部变化。通过基本的展架造型、标志、色彩及其特定位置、特有装饰、灯光及其他多媒体效果来实现高度统一的品牌形象，根据展示内容及人流需要确定部分展区区域的具体处理，如开放区、封闭区、连接区等，实现灵活多变的局部变化。

（二）各种展台展具的设计处理

依据CI品牌战略规划和不同主题的展示需求，确定立式、平台式、封闭柜台式等不同展台展具的样式和组合，可以陈列产品实物，也可展示各种模型图表，但也要有统一的视觉要素，保证尺寸、体量、色彩及材质上的和谐统一。

（三）展台和展板文字、图形的限定和编排

品牌展示（陈列）设计中要规定展台和展板上有内容区和空白区统一的编排方式，规定包括标题、小标题和正文等文字的字体样式，特别是在显著的部位上规定企业品牌标志的展示位置，设计、规定展示（陈列）灯光照明的布置方法。

图4-11　上海世博会场馆

第三节 ｜ CIS 品牌管理与更新

一、CI品牌管理

　　企业的CI导入和品牌创建，需要在持续运营的全过程中，保证营销和售后体系以及金融体制的配套完善，中、后期的品牌管理和维护更为重要，应对突发危机的任何措施也都需要尽可能地事先做好预案、及时反应，并且反复检视对照、调整和优化，否则品牌的美誉和价值就可能会弱化，甚至一夜之间灰飞烟灭、消失殆尽，危及企业品牌的核心竞争力和长久发展。品牌管理是一个系统的工程，不能一味地模仿和简单地复制西方的品牌管理模式，要基于中国企业的现实国情、文化特色和资源优势，打造我们自己的自主品牌发展模式。

（一）品牌管理的日常维护

　　首先需要明确品牌管理部门的主要职能，认识到通过对CI体系完整、规范的导入和对企业品牌良性管理的重要意义，树立危机意识，建立预警机制，强化日常监管，做好日常维护，促进品牌的整体发展，推动品牌的战略实现。选择品牌延伸、品牌联盟、品牌特许经营、品牌授权等合适的品牌扩张策略，力求成功实现多品牌的战略，帮助企业最大限度地占领各个细分市场，规避单一市场的品牌风险，通过成功的品牌延伸降低企业的营销成本，提高品牌资产与价值，并丰富品牌的形象和体系。其次是定期进行品牌市场调研和价值评估，依据市场变化及时量化评估企业的品牌价值，凸显其行业主导地位，引导社会资源的品牌聚集，发挥品牌价值在投融资、兼并收购以及对外合作过程中的配置作用，也便于指导企业及时调整品牌价值倍增策略，促进企业无形资产的保值增值。还有就是做好品牌知识产权国内国际的商标权、著作权法律注册、登记保护，争取早日认证为驰名商标和著名品牌，进行品牌防伪，打击假冒伪劣，巩固和提高品牌的竞争力和市场影响，延长其生命周期和市场寿命，维持品牌与消费者之间的长期忠诚关系，使品牌资产不断增值。

（二）品牌危机的及时处理

　　企业品牌危机的类型和形式多种多样，有的是在长期的品牌运作过程中实际早已败絮其中、暗藏祸根，也有的是因应天时地利与人和方面的不确定性因素造成，但或多或少都会对企业品牌造成一时难以估量的损伤和危害，需要企业品牌管理部门及时评估、应对和处理。其实除了一些不可抗力原因，一般企业品牌危机的形成和发生不外乎是领导人政策决策问题、组织结构运作体制问题、产品品质问题、安全生产问题、品牌战略规划问题、品牌延伸问题、品牌联盟问题、加盟商和品牌授

图4-12 品牌的整体视觉设计应用形成统一的美感

图4-13 品牌的管理与更新要基于中国企业的现实国情、文化特色和资源优势，打造我们自己的自主品牌发展模式，顺应消费市场不断变化的经营环境、功能需求和审美流变，适时进行品牌再设计

权等其他关联性问题等。究其根本，都可以对照和反思品牌创建CI导入的前提条件和规范要求以及相关的程序和方法等方面找到病痛的根源，说到底就是品牌"慎独"的品德问题，或者是与消费市场的信息交流和情感沟通问题，人是最关键的因素！因此，企业品牌危机的应对策略，必须比对CI战略在MI理念、BI行为、VI视觉识别规范方面的条件和要求、目标和程序、步骤和方法，面对现实，痛定思痛，主动、全面、快速地及时处置，必要时也要始终秉承企业品牌的理念精神，以消费者的利益和市场的需求为最优先考虑的第一要义，在精准的品牌诊断和评估基础上进行真诚而恰当的善后处理，甚至是刮骨疗伤、壮士断腕，先死而后生，态度决定一切！

二、CI品牌更新

一般来说，企业品牌的CI战略导入需要三、五年的时间才算基本完成企业的品牌化改造，而其后续的建设管理是一个不断提升的长期过程，企业也才能得以生生不息、永续发展。但是，并不是说企业品牌的形象就是永远固定不变的僵化形式，品牌与时俱进的形象更新和CI导入的规范化运作并不是自相矛盾的相互关系，而是品牌顺应消费市场不断变化的经营环境、功能需求和审美流变在经营理念上应有的战略考量，需要在保持品牌形象相对稳定的前提下适时进行品牌再设计，这也是品牌活化的生命特征的自然表现。

（一）品牌环境的变化要求品牌适时更新

首先是企业品牌的外部环境将会随着市场消费方式的变化和特定消费群体情感利益诉求的转型、审美观念的提升以及外部营销竞争的需要而不断变化。目前国内大的市场经济体制已经确立，充分的竞争和强大的产能已经使市场转为买方的市场，产品定位、营销手段以及市场细分同质化严重，市场需求也转向更加注重精神内涵和艺术品位的消费层次，加上国内同行企业品牌的不断成长和国际大牌的渗透压制、垄断竞争，企业品牌的外部环境日益变化。而企业品牌因为内部发展阶段的不同也会不断进行技术革新和产品升级，淘汰过时的技术和品类，通过成功的品牌营销和延伸扩大了市场份额，实现了多元化的发展，也培育和固定了特定的消费群体，培养和凝聚了坚实的事业团队，需要并能够通过更上一层楼的品牌定位和价值利益满足不断成熟变化的消费需求，通过品牌文化力量的扩张和竞争提高企业品牌的整体形象。

（二）品牌更新再设计

所谓的再设计（Redesign）并不是要把原来导入的CI战略体系推翻重来另起炉灶，而是因循上述品牌环境的变化重新检视市场需求，重新细分市场定位，精准定位品牌风格，更新CI识别系统，是一种改良和优化的设计思路，以此摒弃保守的形象，防止品牌的老化。具体而言，品牌的再设计是CI体系理念的革新、行为的调

图4-14　部分知名品牌标志的更新演变

图4-15　德国拜尔斯道夫公司推出了妮维雅品牌形象更新的全球设计语言，以商标性的蓝色为基础，使妮维雅品牌的价值转换成具体产品，从而使产品在所有类别中能立即被消费者识别。拜尔斯道夫一直将妮维雅品牌的全球核心价值观视为全部设计开发工作的重点

图4-16　丹麦皇家图书情报学院品牌形象更新设计基于一个回旋的标志外形，可以自由填充各种艺术、科学和数学的形象，可以说是一个灵活的视觉系统，涵盖了人类信息和知识领域不断扩大的各类图像

整和视觉的升级。最为显性的再设计往往体现在VI视觉识别系统中标志的由繁到简和色彩的由单一变丰富，不断地反拨和超越原有的品牌形象，有利于在消费者的心智中建立品牌常青的视觉印象和良好口碑。也包括控制在一定的成本范围内，在不断改进产品品质和服务体验的基础之上，再设计和定位新的品牌价值，满足消费者对原有产品或服务更高的价值目标和利益追求。可以是更改品牌原有价值属性，也

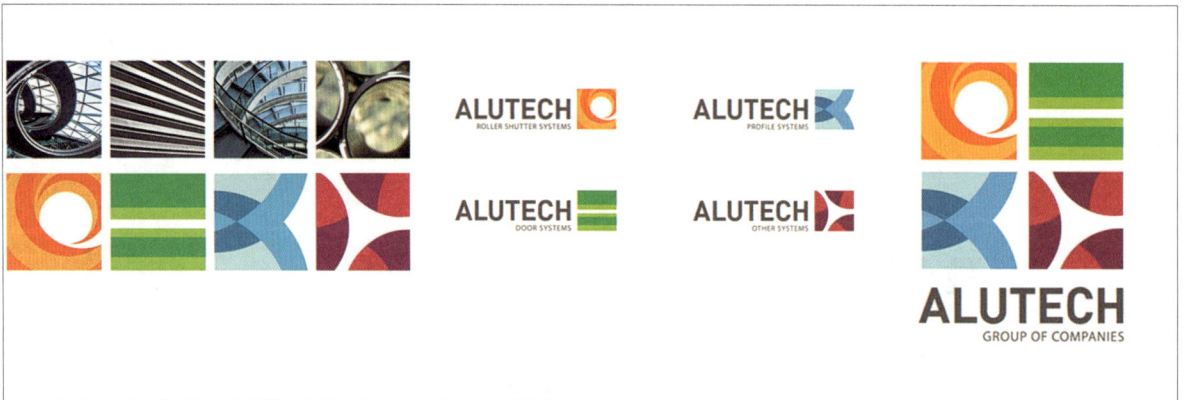

图4-17 当位于俄罗斯的ALUTECH集团进行了重组并成为铝产品的领先制造商时，集团管理层认为现有的品牌和标识不再符合集团的成就和进一步发展的宏伟计划，于是决定进行品牌更新

可以是赋予品牌全新的价值属性，比如对现有品牌深度和广度的开发延伸，拓展品牌新的市场领域，提高消费者心理情感感知价值，还可以是通过再设计品牌新的经营策略，实现对品牌核心价值的管理和维护，增强消费者对品牌的信赖心理和消费忠诚，达到品牌价值创造和价值增值的更高目标，是属于品牌MI理念体系和BI行为体系的再设计更新活动。

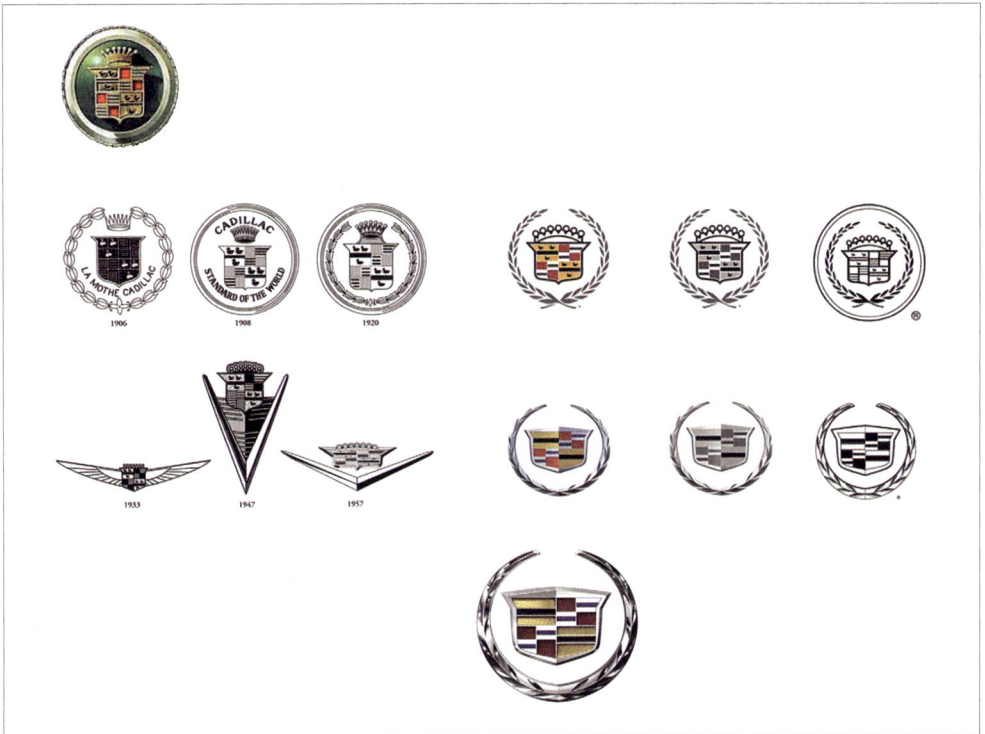

图4-18 凯迪拉克的品牌更新源自1701年建立了底特律城的凯迪拉克公司创始人——加斯科涅贵族安东尼·门斯·凯迪拉克的家族盾徽

图4-19 "香港品牌"升级由陈幼坚操刀，在原Landor设计的基础上，将"飞龙"标识进行了进化与修饰，飞龙延伸出来了蓝、绿彩带，红色彩带更勾画出狮子山山脊线，将香港人的精神象征融入其中，注入了新的动力

图4-20 中粮集团的品牌重塑工程正式启用以"天、地、人、阳光"为核心元素的立体彩色新标识，取代了沿用13年的绿色标识

［1］（美）贝恩特·施密特（Bernd H.Schmitt）等. 视觉与感受：营销美学［M］. 曾嵘等译. 上海：上海交通大学出版社，1999.

［2］程瑞华. 金融危机对中国的影响及其解决之道［EB/OL］. http://finance.sina.com.cn/stock/usstock/economics/20081018/06465404520.shtml，2008－10－18.

［3］黄合水. 品牌学概论［M］. 北京：高等教育出版社，2009.

［4］陈放. 品牌学［M］. 北京：时事出版社，2002.

［5］陈青. 企业形象设计之助手VI设计模板［M］. 西安：陕西人民美术出版社，2002－3.

［6］余明阳. 品牌学［M］. 广州：广东经济出版社，2002.

［7］（英）汤姆·布劳恩. 品牌的哲学——伟大思想家关于品牌的看法［M］. 张涛译. 南宁：接力出版社，2005.

［8］（美）科特勒（Kotler）. 营销管理：第9版［M］. 梅汝和，梅清豪，等译. 上海：上海人民出版社，1999.

［9］张红明. 品牌人格化——品牌价值实证研究［M］. 武汉：华中科技大学出版社，2007.

［10］陈火全. 基于消费者心理需求的品牌价值构建［J］. 重庆文理学院学报（社科版），2009（5）.

［11］何晓佑，刘琉. 江苏省创意工业发展与工业设计教育改革研究［J］. 南京艺术学院学报（美术与设计版），2010，（6）.

［12］屠曙光. 设计概论——现代艺术设计的观察与剖析［M］. 南京：南京师范大学出版社，2009.

［13］许平. 走向二十一世纪的中国艺术设计教育［J］. 装饰，2008，（S1）.

［14］曹方. 视觉传达原理［M］. 南京：江苏美术出版社，2005.

［15］周宪. 视觉文化的转向［M］. 北京：北京大学出版社，2008.

［16］凌继尧. 对"日常生活审美化"研究的反思［J］. 东南大学学报（哲学社会科学版），2007，（6）.

［17］夏燕靖. 中国高校艺术设计本科专业课程结构问题探讨［M］. 南京：东南大学出版社，2012.

［18］杨仁敏，李巍. CI设计［M］. 重庆：西南师范大学出版社，2007.

［19］曾朝晖. 本土品牌实战案例［M］. 北京：中国人民大学出版社，2005.

［20］金错刀. 快品牌——新晋品牌一飞冲天的"蓝海"法则［M］. 北京：中信出版社，2007.

［21］林采霖. 品牌形象与CIS设计［M］. 上海：上海交通大学出版社，2012.

［22］http://baike.baidu.com，百度百科.

［23］解艾兰. 中国品牌发展现状、问题及对策［EB/OL］. http://www.ln.xinhuanet.com/ztjn/2011－08/10/content_23428642.htm，2011－08－10.

［24］http://www.huawei.com，华为官网.

［25］http://www.haier.com，海尔官网.

本书的撰著立足于CIS理论的完善和发展，"优良设计，品质生活"，从视觉文化时代企业品牌营销的实际需要出发，明确CIS品牌战略策划和设计的服务方向，以实际可行的品牌案例和形象导入的成功经验，来重新定位该学科专业课程实践的教学、研究理念，从而组织起全新的知识框架，力求达到具有一定学术理论研究与实战操作应用水平的双重性要求。结合品牌创建谈MI理念，结合品牌文化谈BI规范，结合品牌创意谈VI设计，结合品牌推广谈CI导入，并以实际CIS品牌策划与设计课题的导入作业形式突出其实战性的指导价值。

本书的最终完成得到了众多师长、领导、同事、朋友的真诚关心和热情帮助，也得益于许多前辈、同行、专家、学者的研究探索，特别是很多企业界的创业家、企业家、高层经营管理人员朋友们的经验交流和成果共享，还有我父母、家人的大力支持、默默付出，在此一并致谢！书中所有引用案例在此仅作为学术研究之用，全部知识产权归原权利人拥有，少数图片来源于网络无法确定准确出处，请主动联系本人以便确定、寄奉稿酬，特此申明。由于研究时间和认知水平所限，书中疏漏、错误难免，恳请给予我无私的批评、指正！意见、建议和问题交流，请发至邮箱：916286740@qq.com。

特别感谢资料提供

南岸星城　GOODesign　典凡　品特　新视野